RHYTHMCHANGES FÜRJAZZGITARRE

Ein vollständiger Leitfaden für das Solospiel über Rhythm Changes auf der Jazzgitarre

TIMPETTINGALE

FUNDAMENTALCHANGES

Rhythm Changes für Jazzgitarre

Ein vollständiger Leitfaden für das Solospiel über Rhythm Changes auf der Jazzgitarre

ISBN: 978-1-78933-159-2

Veröffentlicht von **www.fundamental-changes.com**

www.fundamental-changes.com

Über 10.000 Fans auf Facebook: **FundamentalChangesInGuitar**

Instagram: **FundamentalChanges**

Für über 350 kostenlose Gitarrenlektionen mit Videos besuche

www.fundamental-changes.com

Inhaltsverzeichnis

Einführung 4

Hol dir das Audio 5

Warum Rhythm Changes? 6

Kapitel Eins – Überblick über das Stück..8

Kapitel Zwei – Der Abschnitt A (erste Hälfte) 13

Kapitel Drei – Der Abschnitt A (zweite Hälfte) 25

Kapitel Vier – Solo über den gesamten Abschnitt A 38

Kapitel Fünf – Die Bridge...63

Kapitel Sechs – Bringen wir alles zusammen 85

Anhang - Hörempfehlung...92

Einführung

So wurde ich zum ersten Mal mit den Rhythm Changes vertraut gemacht.

Als ich es zum ersten Mal ernst meinte, Jazzgitarre zu lernen, hatte ich das Glück, einen guten Freund zu haben, der ein professioneller Jazzmusiker war. Gabriel Alonso war Professor für Schlagzeug und Percussion an einem Musikkonservatorium in Südostfrankreich und gab mir viele Tipps, was ich hören und lernen sollte. Das war ein guter Anfang.

Gaby lebte eine Weile in New York und erhielt Unterricht bei dem legendären Schlagzeuger Billy Hart. Harts erste Lektion war: Geh und hör dir *Oleo* an. Er nutzte die Rhythm Changes als Grundlage für ihre Unterrichtsstunden und empfahl sie als ideales Format für Improvisationen.

Der erste Ratschlag, den mir Gaby gab, war also,

„Schau dir Michel Petruccianis Version von *Oleo* an. "

Petrucciani war ein erstaunlicher französischer Jazzpianist. Ich war nicht bereit für das, was ich hörte – es war eine so harmonische Herausforderung. Jahre später verstehe ich die harmonische Struktur von Gershwins berühmter Akkordfolge, aber damals hatte ich keine Ahnung, was Petrucciani tat.

Zurückblickend hörte ich einen Meister des Jazz auf dem Gipfel seiner Spielkunst – so vertraut mit den Wechseln, dass er sich viele harmonisch-melodische Freiheiten nehmen und die Musik an unerwartete Orte transportieren konnte.[1]

Gaby, der zu mir sagte „Hör dir das an" war so, als würde man einem Fahranfänger die Schlüssel zu einem Rolls Royce Phantom geben und sagen: „Du hast deine Fahrprüfung bestanden, hier ist ein Auto. Es hat ein Lenkrad und eine Gangschaltung. Auf geht's!"

Mit solcherlei Handwerkskunst und Fachwissen konnte ich nichts anfangen!

Seitdem habe ich die Rhythm Changes als eine der nützlichsten Sequenzen im Jazz zu schätzen gelernt, da sie aus vielen kleineren, wesentlichen Teilen bestehen, die in *jeder einzelnen* Jazz-Melodie vorkommen. Meistere die Rhythm Changes und du wirst einen großen Teil des Repertoires beherrschen, über alle Stilrichtungen des Jazz hinweg. In diesem Buch werden wir die Sequenz in seine Bestandteile zerlegen und sie intensiv kennenlernen. Ich glaube, dass dies deinem Verständnis von Jazz helfen und dein musikalisches Können im Allgemeinen erweitern wird.

Lass uns anfangen!

Tim

---

1. Hör es dir auf *Live at the Village Vanguard* von The Michel Petrucciani Trio an.

Hol dir das Audio

Die Audiodateien zu diesem Buch stehen unter **www.fundamental-changes.com** zum kostenlosen Download zur Verfügung. Der Link befindet sich oben rechts in der Ecke. Wähle einfach diesen Buchtitel aus dem Dropdown-Menü aus und folge den Anweisungen, um das Audio zu erhalten.

Wir empfehlen dir, die Dateien direkt auf deinen Computer herunterzuladen, nicht auf dein Tablet, und sie dort zu extrahieren, bevor du sie zu deiner Medienbibliothek hinzufügst. Du kannst sie dann auf dein Tablet, deinen iPod legen oder auf CD brennen. Auf der Download-Seite gibt es ein Hilfe-PDF und wir bieten auch technischen Support über das Kontaktformular.

Für über 350 kostenlose Gitarrenlektionen mit Videos besuche:

www.fundamental-changes.com

Über 10.000 Fans auf Facebook: **FundamentalChangesInGuitar**

Folge uns auf Instagram: **FundamentalChanges**

Bonus-Videos

Eine Auswahl der vom Autor gezeigten Bonus-Licks findest du unter:

https://www.fundamental-changes.com/rhythm-changes/

Warum Rhythm Changes?

Die Melodie *I Got Rhythm* wurde von George Gershwin geschrieben und 1931 veröffentlicht, zusammen mit dem Text von seinem älteren Bruder Ira. Der Song wurde für das Musical *Treasure Girl* geschrieben und wurde in dieser Produktion ziemlich langsam gespielt, erlangte aber Anerkennung, als er im Musical *Girl Crazy* – einer Show, die zwei weitere große Jazzstandards hervorbrachte – in einem höheren Tempo aufgeführt wurde: *But Not for Me* und *Embraceable You*.

In den folgenden Jahren wurde Gershwins Akkordfolge von zahlreichen Jazzmusikern übernommen, die über die Changes neue Melodien schrieben. Charlie Parker allein ist dafür verantwortlich, weit über ein Dutzend Standards mit dieser Sequenz geschrieben zu haben, darunter *Dexterity, Anthropology (*aka *Thrivin' on a Riff), Moose the Mooche and Chasing the Bird,* um nur einige zu nennen.

Als andere die Akkordwechsel übernahmen, erhielt die Sequenz allmählich einen Spitznamen, die als ‚die Rhythm Changes' bekannt wurde. Wenn ein Bandleader ein Stück ansagte und sagte. „Rhythm Changes in Bb", kannte jeder schon sowohl die Akkorde als auch die Form.

Andere bemerkenswerte Rhythm Changes sind das bereits erwähnte *Oleo* von Sonny Rollins, *Rhythm-a-Ning* von Thelonious Monk, *The Eternal Triangle* von Sonny Stitt, *Cottontail* von Duke Ellington und *Salt Peanuts* von Dizzie Gillespie. Allein aus dieser Liste kann man ersehen, dass die angesehensten Jazzmusiker es alle versucht haben. Und natürlich ist es die Akkordfolge, die für die Themenmelodie von *The Flintstones* verwendet wurde! (Eine Liste der Melodien, die du dir ansehen solltest, erscheint am Ende dieses Buches).

Wir haben festgestellt, dass die Rhythm Changes ein reiches Erbe haben, aber was können sie uns beibringen? Ich glaube, es ist eine der wichtigsten Akkordfolgen, um im Jazz improvisieren zu lernen, denn sie enthält ein bisschen von allem. Sie besteht aus einer Reihe von gängigen Akkordfolgen, die in praktisch jedem Jazzstandard vorkommen:

- ii V I-Sequenz

- I vi ii V-Sequenz

- iii vi ii V I-Sequenz

- Quartenzirkel-Sequenz

- Es hat schnelle Akkordwechsel, aber auch statische dominante Akkorde, die jeweils zwei Takte dauern.

- Es gibt Orte, an denen Blues-Licks wunderbar funktionieren, sowie Akkordton-Solospiel.

- Es ist reif für Akkordsubstitutionsideen, die angewendet werden können, um die Harmonie zu bereichern.

Charlie Parkers bekannte Überoutine war es, den Blues, die Rhythm Changes und das Stück *Cherokee* in allen zwölf Tonarten zu spielen und sagte, es würde einen auf praktisch jede Jazzsituation vorbereiten.

Im nächsten Kapitel werden wir uns die ursprünglichen Akkordwechsel von Gershwin ansehen und unsere Reise beginnen, um das Stück runterzubrechen, zu analysieren und zu sehen, wie es im Laufe der Jahre verändert wurde. Dann werden wir uns jeden Abschnitt der Sequenz ansehen, die verschiedenen Möglichkeiten sehen, wie sie verändert werden kann, und eine Reihe von verschiedenen Ideen erforschen, um darüber zu improvisieren.

Der Abschnitt A der Rhythm Changes ist ein Spiel mit zwei Hälften: Die erste Hälfte ist sehr geradlinig, aber die zweite Hälfte hat eine schöne harmonische Wendung. Aus diesem Grund werden wir jede Hälfte des Abschnitts A separat behandeln. Für die Zwecke dieses Buches werden wir die Form wie folgt untersuchen:

- Abschnitt A – erste Hälfte

- Abschnitt A – zweite Hälfte

- Abschnitt B (oder Bridge)

- Solo über den gesamten Abschnitt A hinweg

- Solo über die gesamte Form hinweg

Das Ziel dieses Buches

In diesem Buch werden wir die Akkordwechsel gründlich erforschen und ich werde einige kreative, melodische Ideen für das Solo darüber weitergeben. Dieses Buch richtet sich an den sich verbessernden Jazzgitarristen, der auf der Suche nach einer frischen Fülle an Ideen ist. Diese Ideen werden als Konzepte präsentiert, die du nehmen und in dein musikalisches Vokabular aufnehmen kannst.

Während jeder Lick im Buch erklärt wird, werde ich die Theorie leicht halten und dir nicht die Tonleitern beibringen, die für jede Linie verwendet werden. Andere Bücher haben sich ausführlich mit diesen Themen beschäftigt und es gibt keine besseren Ressourcen als **Jazz Blues Soloing for Guitar** und **Chord Tone Soloing für Jazzgitarre** von Joseph Alexander. Wenn du mehr theoretischen Input brauchst, nachdem du einige der Linien in diesem Buch gespielt hast, empfehle ich dir dringend, sie dir anzusehen.

Um deine Erinnerung an alterierte Jazz-Akkorde aufzufrischen, lies auch **Jazzgitarre – Akkorde meistern**, ebenfalls veröffentlicht bei **www.fundamental-changes.com**

Jetzt tauchen wir ein und entdecken das Stück!

Kapitel Eins – Überblick über das Stück

Gershwins Rhythm Changes

Wenn du dir das Real Book anschaust und mehrere Stücke mit Rhythm Changes nachschlägst, wirst du Unterschiede in den Akkordwechseln feststellen. Sonny Rollins *Oleo* unterscheidet sich von Charlie Parkers *Moose the Mooche*. Dies veranschaulicht einen sehr wichtigen Punkt: Das Real Book ist nicht immer der beste Ort, um einen Jazzstandard zu lernen.

Im Laufe der Jahre haben Jazzmusiker die grundlegenden Akkordwechsel von Stücken übernommen und ihre eigenen Wendungen hinzugefügt – ihre bevorzugte Route zu einem bestimmten Ziel, wenn man so will. Das Real Book ist kein Google Maps, es ist eher wie eine grobe Skizze, die auf eine Serviette in einem Pub gezeichnet wurde. Es bringt dich an dein Ziel, aber du musst viele Details selbst ausfüllen.

Eine der besten Gitarrenstunden, die ich je hatte, war mit dem Jazzgitarristen Anthony Wilson (Diana Krall; Madeleine Peyroux). Er riet, wenn man ein Jazzstück wirklich verstehen will, müsse man *zur Quelle zurückkehren*. Finde die original Klaviermusik des Komponisten, wenn du kannst. Es ist wichtig, die ursprüngliche Intention des Komponisten zu verstehen, bevor Jazzmusiker die Akkordwechsel optimiert und verändert haben und sie im Real Book verankert wurden.

Dieser Ansatz hat mir seitdem gut gedient. Wenn du die grundlegenden harmonischen Bausteine verstehen kannst, die ein Stück ausmachen, dann kannst du verstehen, warum und wie sie so verändert wurden, wie sie sind. Ein Teil des Stücks *Stella by Starlight* hat mich beim Solospielen immer gefuchst, aber auf Anregung von Anthony habe ich die originale Notenrolle ausgegraben und konnte sofort sehen, was in der ursprünglichen Harmonie geschah. Da war klar, was ich spielen sollte.

In diesem Sinne lasst uns zur Quelle von *I Got Rhythm* gehen und sehen, was Gershwin ursprünglich geschrieben hat.

NB: Wie viele Jazzstandards, die ursprünglich Stücke für Shows waren, hat *I Got Rhythm* eine Strophe vor dem Chorus. In einem Bühnenmusical ist die Strophe normalerweise ein "Set-up" – eine Einführung, die zur Hauptmelodie oder zum "Chorus" führt. Wie alle Standards, die mit diesen Wechseln geschrieben wurden, lassen wir die Strophe beiseite und konzentrieren uns nur auf den Chorus.

I Got Rhythm ist in Bb-Dur geschrieben und hat eine 32-taktige AABA-Form, die vielen Jazz-Songs gemein ist.

Das folgende Diagramm 1 zeigt die ursprünglichen Gershwin-Akkordwechsel und das Diagramm 2 zeigt die "modernen" Changes, die typischerweise für das Stück *Oleo* gespielt werden. Nachdem wir uns jede Version angesehen haben, werde ich einige kurze Kommentare dazu abgeben, wie sich das Stück in ihre gegenwärtige Form verwandelt hat.

Wir werden diese Changes in den folgenden Kapiteln näher beleuchten.

Diagramm 1 – Gershwins Original Changes in *I Got Rhythm*

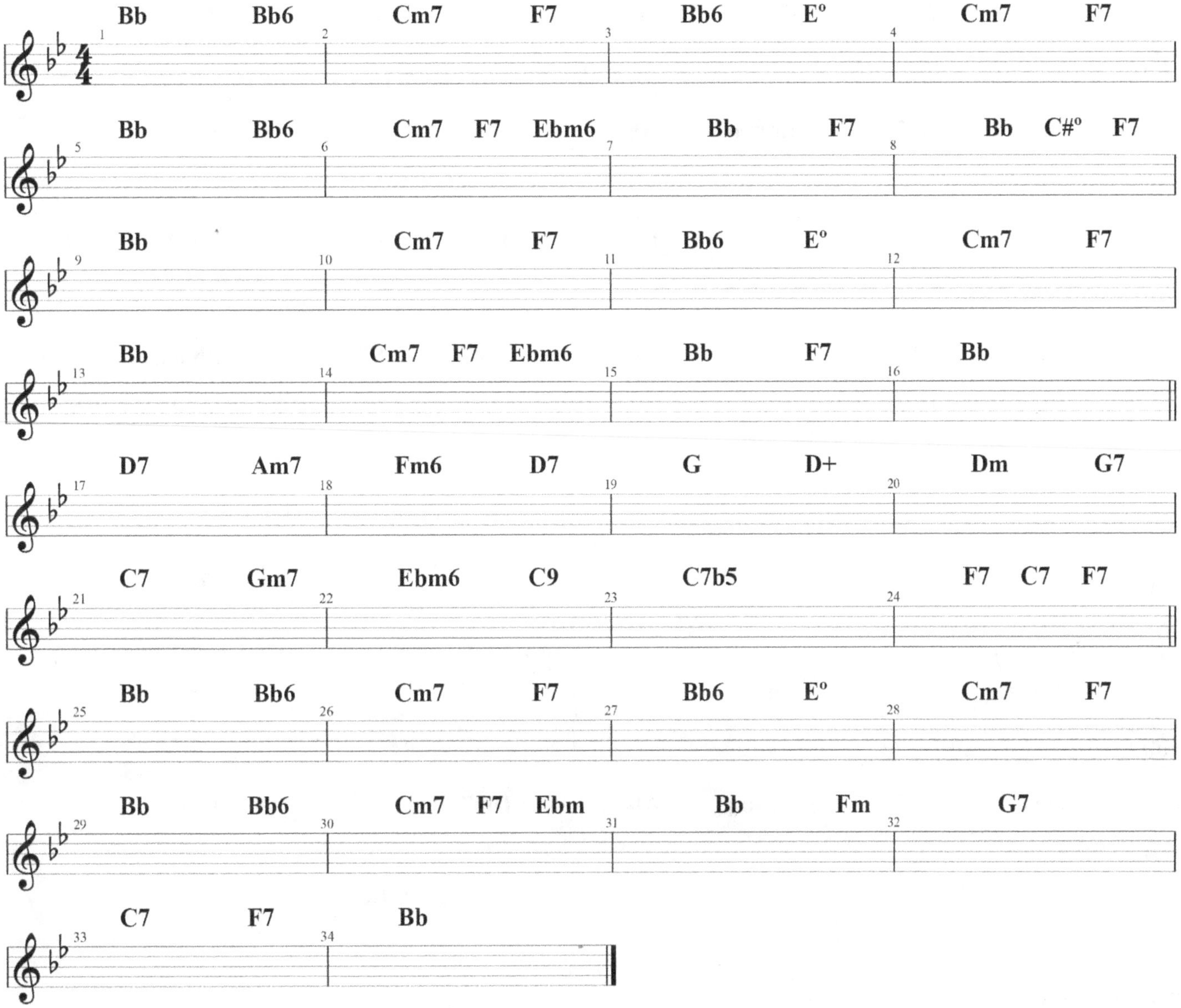

Diagramm 2 – Typische moderne Rhythm Changes (z. B. *Oleo*)

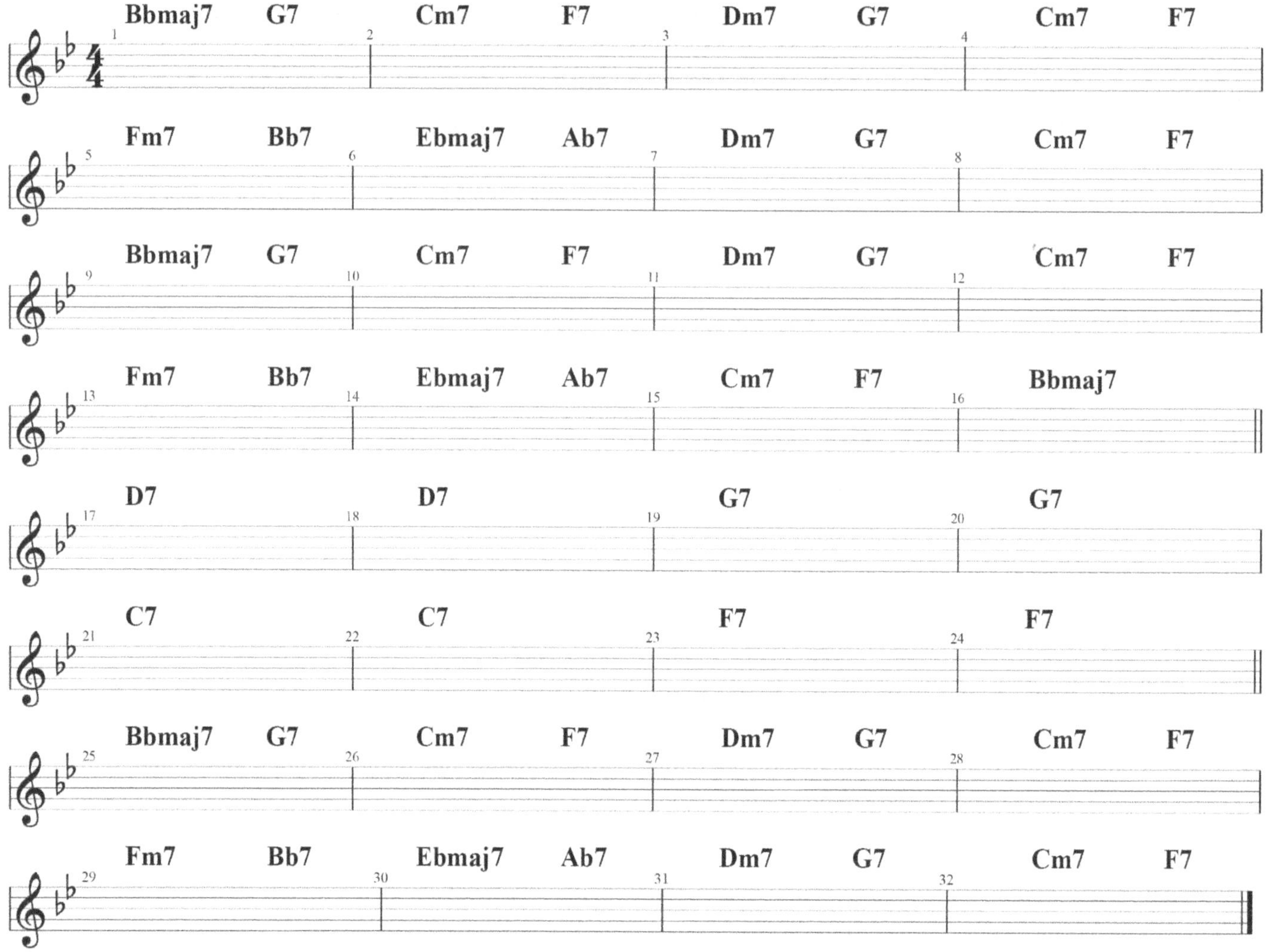

Die Struktur

Betrachten wir die harmonischen Bausteine des Stücks. Es wird üblicherweise als 32 Takte gespielt, die aus vier 8-taktigen Abschnitten bestehen.

Der 8-taktige Abschnitt A basiert auf der I vi ii V-Sequenz (Bb, Gm, Cm, F7 in der Tonart Bb-Dur) und wird wiederholt.

Der 8-taktige Abschnitt B ist eine Folge von Dominant-Septakkorden, die in Quarten (D7, G7, C7, F7) absteigen. Im Jazz ist es üblich, mit einem Quartenzirkel auf einen Zielakkord hinzuarbeiten, der in Bezug auf die Tonart der Melodie harmonisch sinnvoll ist. In diesem Fall ist das "Ziel" F7, der V-Akkord von Bb-Dur, der sich stark zu einem Bb-Akkord auflösen will.

Die 8-taktige Wiederholung von Abschnitt A ist ähnlich wie der erste Abschnitt A, hat aber ein etwas anderes Ende, das das Stück auflöst.

NB: Insgesamt enthält Gershwins Originalversion 35 Takte aufgrund eines "Tags" am Ende, bei dem die letzte Zeile des Textes wiederholt wird. Außerdem wird die gesamte Struktur zweimal gespielt, mit Endungen für das erste und das zweite Mal. Dieses Format ist jedoch in einer Jazz-Improvisation unpraktisch, in der es darum geht, durch das Stück zu gehen, während jeder ein Solo macht. Daher wurde es auf die schöne runde Anzahl von 32 Takten gekürzt.

Versionen vergleichen

Was mich beim Vergleich dieser beiden Versionen des Stücks am meisten interessiert, ist, wie die moderne Version jeden Abschnitt verändert hat. Abschnitt A der neueren Version enthält Änderungen in der Qualität der Akkorde und einige Akkordsubstitutionen.

Die ersten vier Takte von Gershwin sehen so aus:

| Bb Bb6 | Cm7 F7 | Bb6 Edim7 | Cm7 F7 |

Obwohl es auf der I vi ii V-Sequenz basiert, hat er den Gm-Akkord nicht aufgenommen, sondern sich für ein Bb6 entschieden. Dieser hat alle die gleichen Noten wie Gm7, nur in einer anderen Reihenfolge.

Bb6 = Bb, D, F, G

Gm7 = G, Bb, D, F

In Takt drei verwendet er, anstatt die Bb6 zu wiederholen, einen E-verminderten Akkord. Hier ist es wahrscheinlich, dass Edim nicht als Ersatz für einen Gm-Akkord gedacht ist, sondern als dominanter C-Akkord fungiert, um einen befriedigenden C7- zu Cm7-Klang zu erzeugen. (Edim7 ist eine Substitution von C7b9 ohne Grundton).

So sehen die ersten vier Takte der modernen Version aus:

| Bbmaj7 G7 | Cm7 F7 | Bbmaj7 G7 | Cm7 F7|

Der schlichte Bb-Akkord ist zu einer großen Septime geworden und der Gm-Akkord (impliziert von Gershwin) wurde in einen dominanten Akkord umgewandelt. Das Ändern von Dur- oder Moll-Akkorden in dominante Akkorde ist ein gängiges Mittel im Jazz, um stärkere klangliche Veränderungen zu erzeugen, die verschiedene Tonleitern oder Arpeggien erfordern, um darüber zu solieren.

Es gibt nur einen Unterschied von einer Note zwischen den Akkorden Bbmaj7 (Bb, D, F, A) und Gm7 (G, Bb, D, F) und du kannst eine normale Bb-Dur-Tonleiter über beide Akkorde spielen. Die Änderung von Gm7 zu G7 führt eine große Terz (die Note B) in die Gleichung ein und verlangt, dass wir entweder die wichtigen Akkordtöne beim Solo spielen oder eine geeignete Tonleiter verwenden (z. B. G-Mixolydisch: G, A, B, C, D, E, F).

Die nächsten vier Takte von Gershwins ursprünglichen Changes sind:

Bb Bb6 | Cm7 F7 Ebm6 | Bb F7 | Bb C#dim7 F7 |

Vergleiche dies mit den modernen Wechseln:

| Fm7 Bb7 | Ebmaj7 Ebm6 | Bbmaj7 G7 | Cm7 F7 |

In Takt fünf wurde der schlichte Bb6-Akkord in einen Dominant-Sept (Bb7) umgewandelt. Eine weitere beliebte Bebop-Verzierung tritt hier auf, die darin besteht, wo immer möglich eine ii V-Sequenz einzuführen. Der neu geschaffene Bb7 wird als V-Akkord angesehen und mit seinem ii (Fm7) versehen. Dies verleiht den Changes Fülle und Komplexität.

In Takt sechs des Originals sehen wir einen schnellen Wechsel von Cm7 zu F7, gefolgt von einem Ebm6. In der aktualisierten Version ist es durchaus sinnvoll, das Cm7 gegen einen Ebmaj7-Akkord zu tauschen (er hat nur eine Note mehr), um einen sanften Übergang von Ebmaj7 zu Ebm6 zu schaffen.

In den Takten sieben und acht hebt Gershwin die I- und V-Akkorde hervor, um das Ende dieses Abschnitts zu signalisieren (Hinzufügen eines beiläufigen C#dim7-Akkords). Die moderne Version hingegen rundet mit einem Standard I vi ii V ab.

Die Wiederholung des Abschnitts A wird wie bisher gespielt, aber beide Versionen landen auf einem Bb-Dur-Akkord, um die Dinge zu aufzulösen, bevor sie auf die Bridge gehen.

Während Bebop-Musiker dazu neigen, eine Reihe von Akkordwechseln zu verkomplizieren, anstatt sie zu vereinfachen, verfolgt die Bridge in modernen Versionen den umgekehrten Ansatz. Die Bridge von *Oleo* hat einfache, statisch dominante Akkorde wie diese:

D7 | % | G7 | % | C7 | % | F7 |

Während Gershwins Original ein paar harmonische Überraschungen enthält!

D7 Am7 | Fm6 D7 | G D+ | Dm G7 | C7 Gm7 | Ebm6 C9 | C7b5 | F7 C7 F7 |

Wenn man sich die Originalmusik ansieht, sieht man, dass Gershwin versucht hat, einen Akkord auf die meisten der betonten Silben in den Texten zu legen. Dies hat zu der ziemlich komplizierten Abfolge oben geführt. (Schau dir den Text an und singe mit und du wirst sehen, was ich meine).

Als Mittel zur Improvisation in einem Stück wie *Oleo* ist dies jedoch nicht notwendig, so dass es sinnvoll ist, die Sequenz zu ihren stärksten tonalen Zentren zusammenzufassen: D7, G7, C7, F7. Zwei Takte eines dominanten Akkords geben dem Musiker auch die Möglichkeit, beim Improvisieren kreativ zu werden und mit Substitutionen zu experimentieren.

Für den letzten Abschnitt A wissen wir, dass Gershwins Original ein bestimmtes Ende und zusätzliche Takte hat, da das ganze Stück nur einmal gespielt werden sollte. Die *Oleo*-Version hat eine exakte Wiederholung ihres früheren Abschnitts A, um das Stück abzurunden und es wieder nach oben zu bringen.

Es gibt zahlreiche weitere Optimierungen und Variationen, die an diesen Akkordwechseln vorgenommen werden können und somit viele Ansätze, wenn es darum geht, über sie zu solieren. Obwohl es sich keineswegs um eine vollständige Liste handelt, werden wir in den folgenden Kapiteln so viele Optionen wie möglich besprechen. Hoffentlich verstehst du jetzt die Grundstruktur der Melodie und ihre Harmonie. Ohne weitere Umstände, fangen wir an zu spielen!

Kapitel Zwei – Der Abschnitt A (erste Hälfte)

Die Akkorde

Nachdem wir nun den ursprünglichen Ansatz von Gershwin verstanden haben, werden wir von nun an die moderne Version der Changes als Bezugspunkt verwenden und uns nur noch auf Gershwin beziehen, wo dies relevant ist. In jedem Kapitel werden wir uns ansehen, wie man einige interessante melodische Linien über die Standard-Akkordwechsel erzeugt und wie diese Wechsel geändert werden können, um harmonisches Interesse zu erzeugen.

Manchmal werden die „Alterationen" (z. B. die Verwendung von Substitutionen) *nur durch die melodischen Linien* impliziert, während die Akkorde unverändert bleiben. Implizierte Wechsel, die nicht tatsächlich in der Musik geschrieben sind, sind ein häufiges Merkmal der modernen Jazzimprovisation.

Wir wissen, dass eine wichtige harmonische Veränderung in der zweiten Hälfte des Abschnitts A stattfindet, so dass ein eigenes Kapitel gerechtfertigt ist (Kapitel drei). In diesem Kapitel werden wir uns nur mit den ersten vier Takten befassen.

Hier ist eine Erinnerung an die Akkorde, mit denen wir es zu tun haben:

| Bbmaj7 G7 | Cm7 F7 | Bbmaj7 G7 | Cm7 F7 |

Die Standard I vi ii V-Sequenz ist eine Art leere Leinwand, weil sie nicht wirklich irgendwo hinführt – sie läuft einfach nur rund und rund. Du könntest die gesamte Sequenz allein mit der Bb-Dur-Tonleiter durchspielen und niemand würde zu Schaden kommen. Es würde aber auch niemand begeistert aufspringen! Der Wechsel des zweiten Akkords (Gm) in eine Dominante (G7) fügt harmonisches Interesse hinzu, was wiederum einen überlegteren Ansatz erfordert.

Andere bekannte Rhythm-Changes-Songs haben Variationen davon. *Anthropology* von Charlie Parker bewahrt den ursprünglichen Gm7-Akkord in Takt drei, wenn sich die Sequenz wiederholt:

| Bbmaj7 G7 | Cm7 F7 | Bbmaj7 Gm7 | Cm7 F7 |

Eine weitere Parker-Melodie, *Dexterity,* beginnt mit einem ganzen Takt Bbmaj7 und fügt den bunteren F7b9 für Takt zwei hinzu.

| Bbmaj7 | Cm7 F7b9 | Bbmaj7 G7 | Cm7 F7 |

Wie sonst können diese Akkorde verändert werden, um Bewegung und Interesse zu erzeugen?

Akkordsubstitutionen und chromatische Ideen funktionieren wirklich gut mit der nullachtfünfzehn klingenden I vi ii V. Nachfolgend findest du einige Variationen, die du spielen kannst, jede mit einem dazugehörigen Lick, der so gestaltet ist, dass er diesen Wechseln unter Berücksichtigung der veränderten Harmonie entspricht.

Dieses erste Beispiel verwendet eine Tritonussubstitution (die Quinte wird um einen Halbton nach unten alteriert, b5) in Takt zwei. Der F7 wird durch seine b5, einen B7b5 ersetzt. Nach einem Cm11-Akkord ist B7b5 ein ziemlich natürlicher Akkordwechsel auf der Gitarre, der schön unter die Finger fällt. Der B7b5 bittet darum, sich auf Bbmaj7 aufzulösen, um eine Spannung zu schaffen, die schnell gelöst wird. Die melodische Linie ist aus der Bb-Dur-Tonleiter aufgebaut, wobei eine F#-Durchgangsnote enthalten ist, um ein wenig Spannung zu erzeugen.

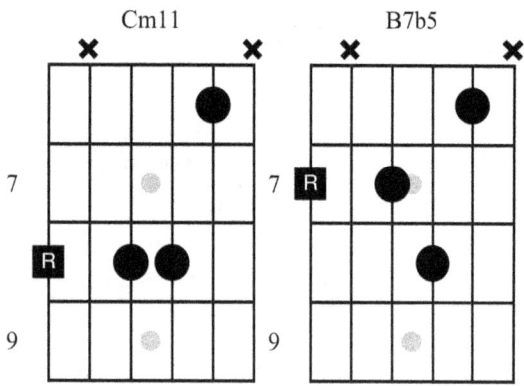

Beispiel 2a

| Bbmaj7 | Cm11 B7b5 | Bbmaj7 | Cm9 F13 |

Im Jazz ist es üblich, die Qualität eines Akkords in Dominante zu verwandeln. Beispiel 2b ändert das eröffnende Bbmaj7 in ein Bb13, das von Anfang an einen starken dominanten Klang erzeugt. Der G7b9-Akkord in Takt drei beginnt einen chromatischen Abstieg zum V-Akkord (F7b9). Das F#7b9 ist eine b5-Substitution für Cm7. Die begleitende Linie versucht, die wichtigen Akkordtöne hervorzuheben.

Beispiel 2b

| Bb13 G7#9 | Cm F9 | Bb13 G7b9 | F#7b9 F7b9 |

Im nächsten Beispiel wird Interesse mit einer b5-Substitution in Takt zwei (F#13) geschaffen. Am Anfang von Takt drei wurde eine gängige Akkordsubstitution (Akkord iii für Akkord I) etwas aufgepeppt, indem der iii-Akkord in einen Dominant-Sept umgewandelt und die None angehoben wurde.

Die melodische Linie fügt zwei Standard-Bebop-Phrasen zusammen. Die erste Hälfte ist ein "Enclosure"-Lick. Er deutet einen Bbmaj7-Akkord an, aber dies geschieht durch das Spielen von Annäherungsnoten einen Halbton tiefer und dann einen Ton höher als die Akkordtöne.

Die zweite Hälfte der Phrase beginnt mit einer Substitutionsidee – ein Dm6-Arpeggio wird für Bbmaj7 ersetzt (D-Moll ist Akkord iii in der Tonart Bb-Dur). Die gleiche Phrase wird dann einen Ton darunter wiederholt.

Beispiel 2c

| Bbmaj7 G7#9 | F#13 F13 | D7#9 G13 | C7#9 F13 |

Beispiel 2d zeigt einige satt klingende Akkorde. Die Idee hinter dieser Variation der Sequenz ist eine chromatisch aufsteigende Bassnote in Takt eins und zwei. Der G7b9-Akkord wird ohne Grundton gespielt und sieht daher aus wie ein Bm7b5-Akkord. Das A7b9 wird auf die gleiche Weise gespielt und sieht aus wie ein Dbm7b5-Akkord, der in Takt drei schön in den Dm7-Akkord führt.

Diese Alteration der Sequenz bedeutet, dass du melodische Linien erzeugen kannst, die in ähnlicher Weise aufsteigen, und das wird deinen Linien echten Schwung verleihen.

Beispiel 2d

| Bbmaj7 G7b9 | Cm7 A7b9 | Dm7 G7#5 | Cm7b5 F13 |

15

Beispiel 2e substituiert b5- Akkorde für die G7- und F7-Akkorde, und jeder Akkord wurde in einen Dominant-Septakkord umgewandelt. Diese Art von Bewegung ist großartig, um während eines Stücks gelegentlich etwas Drama zu erzeugen, aber benutze sie mit Umsicht und übertreibe es nicht!

Die über diese Akkorde gespielte Linie verwendet für jeden Akkord, der sich durch die Changes bewegt, eine einfache Phrase. Die „Form" dieser Linie erinnert vage an Thelonious Monks *Well You Needn't,* das auch dominante Akkorde enthält, die sich in Halbtönen bewegen.

Beispiel 2e

Bb7 Db7 | C7 B7 | Bb7 Db7 | C7 B7 |

Beispiel 2f nutzt verminderte Septakkorde, um einen melodischen Hintergrund zu erzeugen, der rein als akkordbasiertes Riff gespielt werden kann. Alternativ kannst du auch eine einfache Melodie erstellen, indem du nur die hohe E-Saite verwendest und die obere Note jedes Akkords hervorhebst.

Beispiel 2f

Bbmaj7 | Bdim7 | Cm9 | Adim7 |

Beispiel 2g beginnt damit, dass der Akkord I durch den Akkord iii ersetzt wird. In Takt drei wird anstelle des erwarteten G7-Akkords eine b5-Subtiution verwendet. Allerdings haben wir uns etwas harmonische Freiheit genommen. Wenn Dur-Akkorde in Dominant-Akkorde umgewandelt werden können, warum nicht einen Dominant-Akkord in Major umwandeln? Viele Jazzmusiker tun dies, also anstatt hier Db7 zu spielen, haben wir Dbmaj7 anstelle von G7. Spiele die Akkorde ein paar Mal durch, um den Klang der Wechsel in den Kopf zu bekommen. Die gleiche Idee wird in Takt vier verwendet, wo ein Bmaj7-Akkord anstelle von F7 gespielt wird. Der Lick skizziert diese Wechsel.

Beispiel 2g

| Dm11 G7#5 | Cm11 F13 | Bbmaj7 Dbmaj7 | Cm11 Bmaj7 |

In Takt drei des nächsten Beispiels wird ein Gm9-Akkord durch den I-Akkord ersetzt. Wenn du den Grundton weglässt, hat Gm9 alle die gleichen Noten wie Bbmaj7. Die Bewegung von Gm9 auf C9 wiederholt sich höher am Hals mit Cm9 auf F9. Die über diese Sequenz gespielte Linie suggeriert die ersten Töne der Melodie *Oleo*, setzt das Muster aber als aufsteigendes Motiv fort. Diese Art von Lick funktioniert gut über Up-Tempo Rhythm Changes.

Beispiel 2h

Bbmaj7 G7#5 | Cm11 F13 | Gm9 (ohne Grundton) C9 | Cm9 F9 |

Bisher wurden alle melodischen Linien aus den substituierten Akkorden aufgebaut, um ihre jeweiligen Farben hervorzuheben. Es ist jedoch durchaus möglich, jede dieser Linien über die *grundlegenden* Akkordwechsel zu spielen, um eine reichere Harmonie zu erzeugen. Ich habe mehrere Backing Tracks zur Verfügung gestellt, die nur Bass- und Schlagzeug-Begleitung haben. Auf diese Weise kannst du mit alterierten Linien über den Standard-Changes experimentieren, um zu sehen, wie sie klingen.

Mehr melodische Linien

Nachdem wir uns verschiedene Möglichkeiten angesehen haben, wie die harmonische Struktur der I vi ii V-Sequenz verändert werden kann, um kreativ zu werden, lass uns die Akkordfolge zurück auf Null setzen und einige weitere melodische Ideen erforschen.

Obwohl du die Licks unten lernen und die Ideen, die dir gefallen, in dein Spiel integrieren kannst, möchte ich wirklich, dass du ausgerüstet bist, um deine eigenen Licks zu komponieren. Das bedeutet, ein Fragment einer Idee, die dir gefällt, zu nehmen und zu entwickeln. Nimm es an einen anderen Ort, der deinem Geschmack entspricht.

Um eigene Linien zu bilden, denke darüber nach, wie die Akkorde geändert werden können, und verwende diese als Ausgangspunkt für die Komposition. Beginne z. B. eine Phrase, die auf einem D-Moll-Arpeggio basiert (Akkord iii für Akkord I Substitution) und spiele sie in verschiedenen Bereichen des Halses.

Hier sind zehn melodische Ideen, um anzufangen.

Beispiel 2i ist eine Linie, die in diatonischen Sexten harmonisiert ist. Die höhere Linie steigt einfach die Bb-Dur-Tonleiter ab der Terz auf.

Beispiel 2i

Diese Linie basiert auf einer C-Moll-Akkordform in der achten Position und einer Ebmaj7-Form in der zehnten Position. C-Moll und Ebmaj7 sind beide diatonische Akkorde in der Tonart Bb-Dur. Die Verwendung anderer Arpeggien, die in einer Tonart vorkommen, ist immer ein guter Ausgangspunkt für Improvisationen.

Beispiel 2j

Beispiel 2k ist eine Orgelpunkt-Idee. Die hohen Töne stammen aus der Bb-Blues-Tonleiter, während sich die Töne auf der G-Saite chromatisch nach unten bewegen.

Beispiel 2k

Die nächste Linie kombiniert Noten aus drei verschiedenen Akkorden. Ebmaj7 tritt in der Tonart Bb-Dur auf, aber die anderen beiden nicht – Fm7 und Abmaj9. Also, was ist hier los?

Diese Ideen tauchen im Spiel von Wes Montgomery häufig auf. Wenn er mit einem dominanten Akkord wie Bb7 konfrontiert wurde, spielte er oft Linien, die auf Substitutionen basieren. Am häufigsten war es, in einer Moll-Tonalität eine perfekte Quinte über dem ursprünglichen Akkord zu spielen. Also, für Bb7, denke an F-Moll (F-Moll-Typ Arpeggien und die F-Melodisch Moll-Tonleiter funktionieren alle gut). Der Effekt ist, dass die Erweiterungen und Alterationen, die an einem Bb7-Akkord vorgenommen werden können, hervorgehoben werden. Da wir den Akkord I der Rhythm Changes wie einen dominanten Akkord behandeln können, funktioniert dieses Konzept gut.

Eine weitere Wes-Substitution war, eine große Septime oder Dur-9-Arpeggio einen Ton tiefer als den ursprüngliche Akkord zu spielen. Für Bb7 denke an Abmaj7 oder Abmaj9. Dadurch wird ein ähnlicher Effekt erreicht.

Wenn dir das Improvisations-Konzept, verschiedene Tonarten über Akkorde zu substituieren, neu ist, wird es in **Jazz-, Bebop-, Blues-Gitarre** von **www.fundamental-changes.com** ausführlich behandelt.

Beispiel 21 verwendet die untenstehenden Akkordformen Fm7, Ebmaj7 und Abmaj9 und endet mit einem verminderten Lauf beginnend mit F für den F7-Akkord.

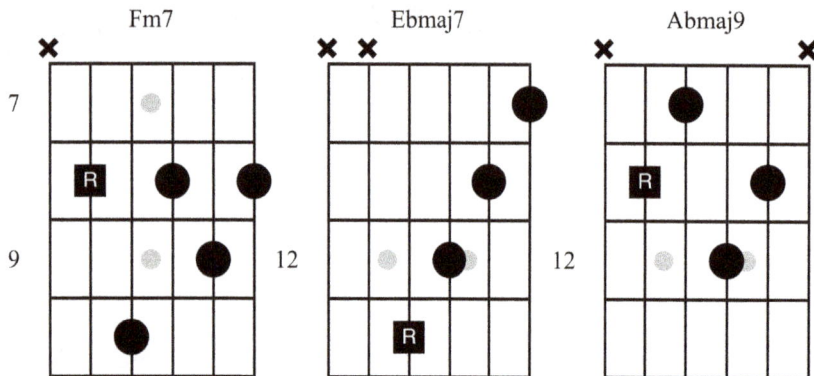

Beispiel 21

Beispiel 2m ist ein Bebop-Lick mit der Bb-Dur-Tonleiter mit zusätzlichen chromatischen Noten. Es verwendet eine Reihe von Pull-Offs, um schnell abzusteigen, und der Sinn ist es, hoch zu beginnen und tief zu enden!

Beispiel 2m

Diese Linie beschreibt die wichtigen Akkordtöne klar und deutlich und impliziert, dass die zugrunde liegende Akkordstruktur für die ersten beiden Takte Dm7 - Db7 - Cm7 - B7 ist. Er fällt für die restlichen beiden Takte in einen bluesigen Lick zurück.

Beispiel 2n

Hier ist ein Motiv-Lick im Jim Hall Stil. Er beginnt auf der sechsten Position mit einer bluesigen Idee. Als nächstes arbeite ich mich nach Gehör den Hals hinunter, um Kollisionen mit den Akkorden zu erkennen und versuche, die Idee so lange wie möglich am Laufen zu halten. Manchmal ist es gut, eine Idee aufzunehmen und zu erforschen, ohne von den Boxen eingeschränkt zu werden, in denen wir Gitarristen gerne spielen.

Beispiel 2o

Beispiel 2p ist ein weiterer Enclosure-Lick. Enclosure-Licks nehmen Akkord- oder Tonleitertöne und nähern sich ihnen von oben oder unten (oder beidem, wie in diesem Beispiel). Die vier wichtigen Noten im ersten Teil der Phrase sind Bb, D und F – ein einfacher Bb-Dur-Akkord.

Die erste Bb-Note (G-Saite, dritter Bund) wird von einem Ton oberhalb angespielt, dann wird das Bb selbst gespielt, bevor es von einem Halbton unterhalb angespielt wird, dann wird das Bb wieder gespielt. Das D wird von Halbton-Annäherungsnoten umschlossen. Das F wird auf die gleiche Weise wie das Bb gespielt.

Du kannst mit diesem Konzept experimentieren, indem du bekannte Akkordformen als Enclosures spielst. Verwende dein Gehör, um festzustellen, in welchen Intervallen du die Akkordtöne umschließen solltest. Es gibt einige „Regeln", aber es ist besser zu lernen, sich auf das Gehör zu verlassen und das zu tun, was für dich richtig klingt.

Beispiel 2p

Hier ist eine Idee im Stil des Saxophonisten Sonny Rollins, der sich stark auf rhythmisches Timing stützt, um ein Statement abzugeben.

Beispiel 2q

Dieses Beispiel basiert lose auf einem Bbmaj7-Akkord in zehnter Position und verwendet die Chromatik, um in die und aus den Akkordtönen zu kommen.

Beispiel 2r

Eine großartige Übung, um den Klang von Akkordwechseln in die Ohren zu integrieren, ist es, Kombinationen aus einfachen Dreiklängen und Septim-Arpeggien zu spielen, um die Akkorde zu ersetzen. Beginne mit der ursprünglichen Sequenz und arbeite sie mehrmals durch, indem du jeden Akkord umreißt. Es sollte wie eine Etüde klingen – ein konstanter Fluss von melodischen Noten. Sobald du die grundlegenden Änderungen fließend beherrschst, kannst du Ideen zur Akkordsubstitution einbringen oder die Akkorde ändern, so dass du gezwungen bist, exotischere Arpeggien einzubringen.

Schau dir Diagramme der grundlegenden Akkord-Dreiklänge und -Septakkorde an, um loszulegen. Hier ist ein einfaches Beispiel, um anzufangen.

Beispiel 2s

In Kapitel Drei werden wir in die zweite Hälfte des Abschnitts A eintauchen.

Kapitel Drei – Der Abschnitt A (zweite Hälfte)

Die Akkorde

Die nächsten vier Takte des Abschnitts A werden typischerweise so gespielt:

| Bbmaj7 Bb7 | Ebmaj7 Ebm7 | Dm G7 | Cm F7 |

Wenn wir diesen viertaktigen Abschnitt analysieren, sehen wir, dass in den Takten drei und vier das I vi ii V-Muster zurückgekehrt ist, aber der iii-Akkord (Dm) durch den Bbmaj7 ersetzt wurde.

Das meiste Interesse kommt von dem, was in den Takten eins und zwei vorkommt.

Zuerst wird der I-Akkord (Bbmaj7) in einen Dominant-Sept-Akkord (Bb7) umgewandelt. Da die Sequenz auf einem Bb-Akkord bleibt und die Akkordwechsel ziemlich schnell erfolgen, ist die Änderung ziemlich subtil. Einige Gitarristen behandeln beide Akkorde als Dominant-Sept-Akkorde und spielen Blues-Licks überall auf ihnen. Tatsächlich ignorieren viele Jazzmusiker beim Komponieren den Major-7-Akkord ganz und gar und spielen eine Form von Bb-Dominant über den gesamten Takt.

Als nächstes folgt ein schneller Übergang von Dur zu Moll. Dies ist das erste Auftreten des IV-Akkords (Ebmaj7) in der Sequenz und wechselt schnell zu Ebm7. Dies ist eine spürbare harmonische Verschiebung und der wichtigste Akkordwechsel in diesem Abschnitt des Stücks. Auf diesen Punkt werden wir beim Solospielen die meiste Aufmerksamkeit richten.

In Bezug auf die Akkordharmonie können die letzten vier Takte des Abschnitts A wie folgt beschrieben werden:

| Imaj7 I7 | IVmaj7 IVm7 | iiim7 vi7 | iim7 V7 Imaj7 |

Beachte, dass es sinnvoll ist, dies mit der iiim7-Substitution zu verfolgen, anstatt den I-Akkord zu spielen, da Takt zwei ein Ebm7 enthält. Es ist nur eine Halbtonverschiebung von Ebm7 nach Dm7.

Die vierstimmige Sequenz Imaj7, I7, IVmaj7, IVm7, IVm7 taucht in der modernen Musik häufig auf. Es ist nicht nur ein Merkmal aller Rhythm Changes, sondern kommt auch in anderen Jazzstandards vor. Normalerweise in Eb-Dur gespielt, sind die Eröffnungstakte von *Misty*:

| Ebmaj7 | Bbm7 Eb7 | Abmaj7 | Abm7 Db7 |

Es wurden einige Durchgangsakkorde hinzugefügt. Ohne sie sieht die Sequenz so aus:

Ebmaj7 | Eb7 | Abmaj7 | Abm7 |

Das ist Imaj7, I7, IVmaj7, IVmaj7, IVm7.

Die Durchgangsakkorde sind ein typisches Bebop-Mittel, das hinzugefügt wird, um Bewegung zu erzeugen, wo sonst einen ganzen Takt lang nur ein Akkord gespielt würde. Jazzmusiker neigen dazu, ii V's zu kreieren, wo immer es möglich ist. Hier wird Eb7 als V-Akkord betrachtet und folgt dem ii-Akkord (Bbm7). Der Abm7 wird als ein ii-Akkord betrachtet, gefolgt von seinem V (Db7).

Schau dir neben *Misty* auch diese großartigen Versionen von Jazzstandards an, die die Sequenz von Imaj7, I7, IVmaj7, IVm7 enthalten:

- *Shaw Nuff* (Barney Kessel)

- *All of Me* (George Benson)

- *All the Things You Are* (Pat Metheny)

- *There Will Never Be Another You* (George Benson)

Dieselbe Dur- zu Moll-Bewegung (IVmaj7 zu IVm7) taucht auch in vielen bekannten Pop/Rock-Songs auf, wie z. B.,

- *Blackbird* – the Beatles

- *Bohemian Rhapsody* – Queen

- *Creep* – Radiohead

- *No Dancing* – Elvis Costello

Nun, da wir die Grundakkorde im Griff haben, lass uns einige melodische Linien betrachten. Die ersten Beispiele basieren auf den grundlegenden Akkordwechseln. Sofern nicht anders angegeben, verwende ich die Bb-Dur-Tonleiter mit chromatischen Durchgangsnoten und möchte auf wichtigen Akkordtönen landen, wenn sich die Akkorde ändern.

| Bbmaj7 Bb7 | Ebmaj7 Ebm7 | Dm7 G7 | Cm7 F7 |

Wenn du ein Stück lernen möchtest, ist es immer hilfreich zu hören, wie andere Gitarristen über seine Changes solo spielen. Dieses erste Beispiel ist eine Motividee im Jim Hall-Stil, die gut funktioniert, weil sie die wichtigen Akkordtöne auf einfache und effektive Weise hervorhebt.

Beispiel 3a

Hier ist eine weitere einfache Idee, diesmal mit einem Orgelpunkt (eine Note, die sich wiederholt, während sich andere Noten um sie herum bewegen).

Beispiel 3b

Hier ist ein von Joe Pass inspirierter Lick, der den Schwerpunkt auf den Wechsel von Dur zu Moll in Takt zwei legt.

Beispiel 3c

Beispiel 3d ist ein ambitionierterer Bebop-Lick im Stil von Charlie Parker. Der erste Teil dieses Licks basiert auf zwei Akkordformen, die sich in der gleichen Position befinden: Bbmaj7 und Ebmaj7 auf der zehnten Position. Nachdem er den Wechsel auf Ebm7 umrissen hat, verdeutlicht ein vertrauter Bebop-Lick die Dm7 - G7 - Cm7 - F7-Wechsel.

Beispiel 3d

Beispiel 3e ist ein weiterer Lick im Parker-Stil. Die Eröffnungsphrase erinnert an Parkers Rhythm Changes Kompositionen, wird aber außerhalb des harmonischen Kontextes gespielt, um ihr ein anderes Gefühl zu verleihen. Die Phrase endet mit einer absteigenden chromatischen Idee.

Beispiel 3e

Diese nächste Idee ist eine weitere Anspielung auf den großen Saxophonisten Sonny Rollins. Obwohl Rollins ein Bop-Spieler mit immensen Fähigkeiten ist, hat er immer eine Reihe von feelgood, Calypso-beeinflussten Melodien in sein Set aufgenommen (wie z. B. *St Thomas,* ein Standard bei Jazz Jam Sessions). Dieser Lick zielt darauf ab, den „Bounce" des Calypso-Feels in seiner Phrasierung festzuhalten.

Beispiel 3f

Hier ist noch ein weiterer Lick im Rollins-Stil, diesmal mit einem eher Bop-artigen Geschmack. Höre dir sein Spiel an und du wirst feststellen, wie viel Interesse er mit Rhythmus und Raum weckt. Nachdem die erste Idee formuliert wurde, wiederholt der Lick die rhythmische Idee. Ziele darauf ab, mit deinen melodischen Phrasen eine Geschichte zu erzählen und nutze immer den Freiraum.

Beispiel 3g

Wir haben bereits darauf hingewiesen, dass Jazzmusiker gerne ii V-Sequenzen einfügen, wo immer dies möglich ist, und im Folgenden findest du eine häufige Alteration der Standard-Rhythm-Changes-Sequenz, die ausschließlich aus ii V's besteht.

| Fm7 Bb7 | Ebm7 Ab13 | Dm7 G7 | Cm7 F7 |

Der Bbmaj7-Akkord in Takt eins wurde ignoriert und durch Fm7 ersetzt, um eine ii V-Sequenz zu erstellen. Ebenso geht Takt zwei direkt auf das Ebm7 zu, behandelt es wie einen zweiten Akkord und folgt ihm mit seinem V (Ab13). Dadurch entsteht ein Muster mit einem starken Abwärtsmomentum.

Diese Wechsel öffnen wirklich die Sequenz und suggerieren andere Linien als die, die wir bisher erkundet haben. Mit einer so starken Akkordfolge wie dieser kannst du entweder mit oder gegen sie arbeiten. Beispiel 3h beginnt mit dem Abstieg der Akkorde und verwendet dann eine Reihe von schnellen Trillern, die sich auf der Bb-Dur-Tonleiter nach unten bewegen.

Beispiel 3h

Oder du kannst eine aufsteigende Idee gegen die absteigenden Akkorden spielen.

Beispiel 3i

Nun lass uns noch eine kleine Änderung an der Akkordfolge vornehmen. In Takt drei wird eine b5-Substitution eingeführt und der G7-Akkord durch Dbm7 ersetzt.

| Fm7 Bb7 | Ebm7 Ab13 | Dm7 Dbm7 | Cm7 F7 |

So entsteht die schöne chromatische Phrase Dm7 - Dbm7 - Cm7, die um einen Lick bittet, der diese Wechsel skizziert. Vergiss nicht, du kannst einen solchen Lick auch dann spielen, wenn die darunter liegenden Akkorde die ursprüngliche, unveränderte Sequenz spielen.

Beispiel 3j

Hier ist ein weiterer Lick, der diese b5-Substitutionsidee beinhaltet.

Beispiel 3k

Hier ist eine abschließende Idee mit der gleichen Sequenz. Dieser Lick hat Raum und darf etwas mehr „atmen". Ich entschied mich, keine Note über dem Dbm7 zu spielen, sondern die vorhergehende Note liegen zu lassen, während der Akkord darunter wechselt.

Beispiel 31

Für das nächste Beispiel werden wir die Akkordfolge wieder ändern:

| Bbmaj7 Bb7 | Ebmaj7 Ab13 | Dm7 Db7#5#9 | C7#5#9 F13 |

Hier ist die Form für die #5#9 Akkorde:

In Takt zwei bin ich direkt von Ebmaj7 nach Ab13 gesprungen. Obwohl dies den wichtigen Dur- zu Moll-Wechsel zu ignorieren scheint, hat Ab13 bis auf die Grundtöne die gleichen Noten wie Ebm7.

Der gleiche chromatische Wechsel tritt in den Takten drei und vier auf, aber diesmal mit 7#9#5 Akkorden, um die Dinge aufzupeppen.

Hier ist eine Linie, die gut über diese Sequenz passt. Es enthält ein Motiv und einige Substitutionsideen. Über den Bbmaj7 und Bb7 lege ich ein Ebmaj7-Arpeggio. Über den Ebmaj7 und Ab13 benutze ich ein Cmin7-Arpeggio. Der Rest des Licks hebt die Noten #5 und #9 der alterierten dominanten Akkorde hervor. Das Abspielen dieser alterierten Akkorde verleiht der Linie ein moderneres Gefühl.

Beispiel 3m

Lass uns den Verlauf noch einmal leicht ändern. Bisher haben wir den Takt eins geändert, indem wir den Bb-Akkord als V-Akkord behandelt und ihm seinen zweiten Akkord vorangestellt haben: Fm7 - Bb7. Aber warum sollten wir das nicht mal umdrehen? Versuche, die Sequenz so zu spielen und schau, wie sie für deine Ohren klingt.

| Bbmaj7 Fm11 | Ebmaj7 Ebm11 | Dm11 Db7#9 | C7#9 B7#9 |

Hier habe ich das ii V umgekehrt, so dass der F-Moll-Akkord nach dem Bb und nicht vor ihm platziert ist. Der Bb-Akkord wird auch als große Septime gespielt. Takt zwei hat die Standardwechsel, dann gibt es in Takt drei einen chromatischen Abstieg von Dm11:

- Der Db7#9-Akkord ist die b5 von G7.

- Der C7#9-Akkord ist Cm7, der zu einer alterierten Dominante umgewandelt wurde.

- Der B7#9-Akkord ist die b5 von F7.

Hier ist ein Lick, der diese Akkordwechsel ergänzt. Wieder ist es eine Idee der Gegenbewegung: Der Lick steigt auf, während die Akkorde absteigen.

Beispiel 3n

Nehmen wir die Akkordwechsel des vorherigen Beispiels und ändern sie noch ein wenig mehr! Versuche, die Sequenz so zu spielen:

Bbmaj7 Fm6 | E7#9#5 Ebm6 | Dm11 Db7#9#5 | Cm11 F7 |

Diesmal haben wir ein Fm6 in Takt zwei eingefügt. Danach haben wir einen weiteren chromatischen Abstieg:

- E7#9#5 ist die b5 von Bb.

- Db7#9 ist die b5 von G7.

Hier sind die Akkordformen, mit denen ich diese Sequenz spiele:

So sollte die Akkordfolge klingen. Es geht darum, die oberen Töne der Akkorde zu betonen.

Beispiel 3o

Hier ist nun ein Lick, der diese Wechsel ergänzt.

Beispiel 3p

Zum Abschluss dieses Kapitels gibt es noch eine weitere Möglichkeit, die Akkordfolge zu ändern.

| Bbmaj7 Dm7b5 | Ebmaj7 Em7b5 | D7sus Db7b5 | Cm F9 |

Hier sind die Akkordformen, die ich für diese Sequenz verwende. Es ist im Wesentlichen eine stimmführende Idee, bei der, beginnend mit Ebmaj7, jeder folgende Akkord mit einem G darüber platziert wird. Dies ist eine nette Art, den Akkord zu spielen, wenn man zum Beispiel in einem Trio mit einem Bassisten und Schlagzeuger spielt und die Gitarre den größten Teil der Harmonie liefert – oder, wenn man einen Sänger mit einer Sologitarre unterstützt.

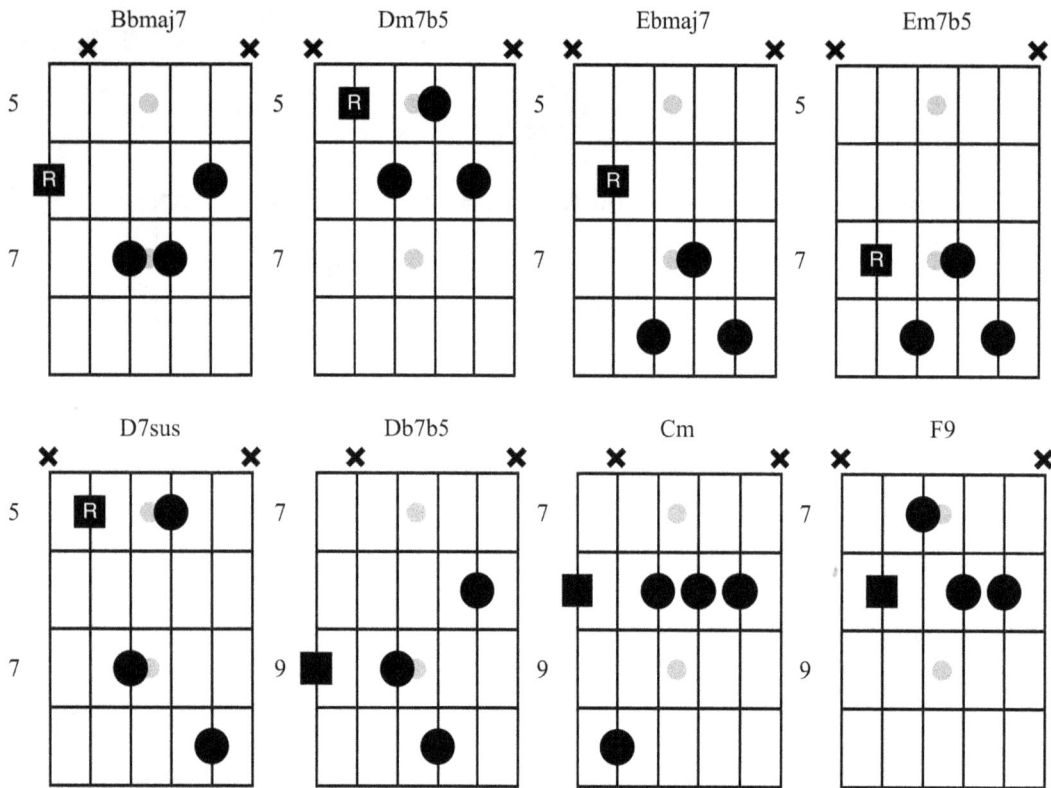

Hier sind zwei Licks, die über diese Wechsel funktionieren. Das erste Beispiel ist eine aufsteigende Idee, die einen zeitgenössischeren Sound im Stil von Adam Rogers hat. Es ist spärlich und arbeitet rhythmisch gegen den Takt, da es mit einem Triolen-Feeling gespielt wird. Alle Noten stammen aus der Bb-Dur-Tonleiter.

Beispiel 3q

Der letzte Lick basiert auf der Idee, dass, da die darunter liegenden Akkorde reich an harmonischen Informationen sind, die Lead-Gitarre einfach ein schönes bluesiges Riff darüber spielen kann. Der Lick hebt die den Akkorden gemeinsame G-Note mehrmals hervor.

In den meisten Audiobeispielen habe ich die Akkordwechsel weggelassen, damit du die Linien gegen den Kontrabass üben kannst, der die nullachtfünfzehn Akkordwechsel spielt. Für dieses Beispiel habe ich jedoch die Akkorde hinzugefügt, damit du den Effekt hören kannst, eine Note zu betonen, während sich die Akkorde darunter ändern.

Beispiel 3r

Inzwischen solltest du ein gutes Verständnis für die Harmonie des A-Abschnitts der Rhythm Changes entwickelt haben. Im nächsten Kapitel werden wir uns auf das Spielen über den *gesamten* A-Abschnitt konzentrieren und auf die bisher erlernten harmonischen/melodischen Ideen aufbauen.

Kapitel Vier – Solo über den gesamten Abschnitt A

Hier ist eine Erinnerung an die Akkorde im Abschnitt A, der ein paar der einfachen Substitutionen enthält, die wir bisher gesehen haben:

| Bbmaj7 G7 | Cm7 F7 | Dm7 G7 | Cm7 F7 |

| Fm7 Bb7 | Ebmaj7 Ab13 | Dm7 G7 | Cm7 F7 |

Viele Leute sagen, dass sie die Rhythm Changes als Herausforderung für ein Solo empfinden. Die Herausforderung besteht darin, dass die I vi ii V-Sequenz einen „aufgelösten" Klang hat. Es scheint nirgendwo hinzuführen und die Harmonie ändert sich bis zur Bridge nicht wesentlich. Außerdem gibt es 16 Takte davon zu füllen.

Das ist aber auch das, was die Rhythm Changes zu einer so tollen Sequenz zum Jammen macht und erklärt, warum Jazzmusiker sie so oft benutzen: Man *muss damit kreativ sein*. Andernfalls wirst du feststellen, dass du immer wieder die gleichen Standard-Phrasen raushaust.

Was ist dann eine gute Möglichkeit, das Spielen über den gesamten A-Abschnitteich anzugehen?

Mein Tipp ist, deine melodischen Improvisationen *irgendwohin* zu bringen. Du musst eine Geschichte erzählen und eine Form und Richtung zu ihnen haben. Lauf nicht auf und ab – nimm den Zuhörer mit auf eine Reise. Und versuche, etwas anderes zu sagen, wenn sich die Sequenz wiederholt. Hier sind einige einfache Strategien, um damit zu beginnen:

- Beginne bluesig, aber beim zweiten Mal spiele kompliziertere Bebop-Phrasen.

- Beginne einfach, verdeutliche die grundlegende Akkordfolge und stelle dann einige Substitutionsideen vor, um verschiedene Akkorde anzudeuten.

- Beginne mit einer komplexen, spannenden Eröffnungsphrase, entwickle dann aber einige spärliche Linien, die viel Platz lassen.

- Verwende ein Motiv und entwickle es wie Jim Hall. Alteriere nur die wesentlichen Noten, die benötigt werden, um jedem Akkordwechsel gerecht zu werden.

- Spiele eine Idee mit einem starken Rhythmus und wiederhole dann die Phrasierung im gleichen Rhythmus, aber mit unterschiedlichen Noten.

- Oder, der alte Favorit: Beginne tief und ende hoch!

Diese Ideen können Interesse wecken und deinem Publikum etwas zum Festhalten geben. Es gibt natürlich zahlreiche andere Möglichkeiten, Interesse zu wecken, also experimentiere frei.

In diesem Kapitel habe ich eine Reihe von Beispielen zusammengestellt, die sich aus den bisher diskutierten Konzepten ableiten. Erkunde diese Ideen selbst und finde heraus, wohin du sie bringen kannst. Wenn du eine Phrase hörst, die dir gefällt, lerne ihn in verschiedenen Bereichen des Halses und in verschiedenen Oktaven. Dann füge etwas hinzu oder ändere sie, um sie deinem eigenen Taktgefühl und deiner eigenen Phrasierung anzupassen. So wird dein Jazz-Vokabular wachsen.

Im Audio-Download für dieses Buch gibt es einen Medium-Tempo-Backing-Track (135 bpm), zu dem du üben kannst.

Dieses erste Beispiel bleibt innerhalb der sicheren Grenzen der Bb-Dur-Tonleiter und Bb-Blues-Tonleiter. George Benson sagte einmal: „Ich spiele einfach den Blues über Rhythm Changes" und das ist es, was dieser Ansatz bewirkt. Das Interesse wird durch rhythmische Variationen geweckt.

Beispiel 4a

Beispiel 4b beginnt mit einem einfachen Motiv, gefolgt von einem bluesigen Lick. Der Wechsel von Ebmaj7 zu Ebm7 in Takt sechs wird durch die Ausrichtung auf die kleine Terz (Gb) des Ebm7-Akkords betont. Der Rest der Linie besteht aus der Bb-Dur-Tonleiter mit zusätzlichen Durchgangsnoten.

Beispiel 4b

Das folgende Beispiel beginnt mit einer bewusst „rutschigen" Linie, die mit Noten aus der D-Melodisch Moll-Tonleiter beginnt (basierend auf dem Akkord iii für Akkord I Substitutionskonzept). Die Phrasierung ist bewusst „faul" und zieht gegen den Takt. Obwohl die meisten Phrasen in den ersten vier Takten aus der Bb-Dur-Tonleiter stammen, werden chromatische Noten hinzugefügt, um Positionsverschiebungen am Hals zu erleichtern. In Takt fünf verstärkt ein langsamer Triller zwischen einer D- und Db-Note die Spannung. Die Einbindung von ein paar bluesigen Bends ist eine Anspielung auf einen meiner Lieblingsgitarristen, Larry Carlton.

Beispiel 4c

Die Phrase für die ersten vier Takte von Beispiel 4d ist vollständig um einen Cm7-Akkord herum aufgebaut, der in der achten Position gespielt wird, wobei ein paar Durchgangsnoten eingeworfen werden. Ich mag es oft, Linien zu bauen, die auf Akkord ii in einer Dur-Tonart basieren. Die Visualisierung eines C-Moll-Akkords beim Spielen hilft, dass die wichtigen Noten leicht unter die Finger fallen. Beachte, dass in dieser Linie der Wechsel von Emaj7 zu Ebm7 einfach durchgeführt wird, indem man eine Blues-Linie darüber spielt.

Der schnellere, rhythmische Lick, der die zweite Hälfte des Beispiels ausmacht, basiert auf einer vielseitigen Dur-Tonleiterform, die ich viel verwende. Es handelt sich um ein sich wiederholendes Drei-Noten-pro-Saite-Pattern, und das Halbton/Ton-Intervall-Pattern ist auf jeder Saite identisch:

Bb Major Scale Pattern

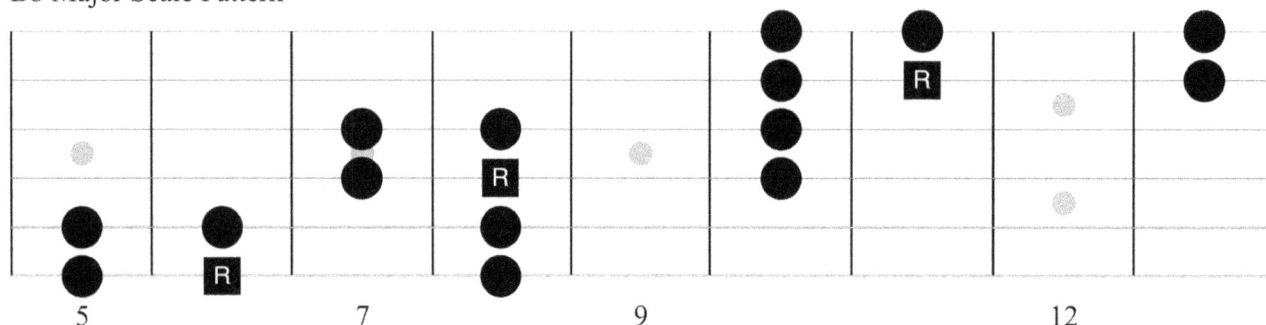

5   7   9   12

Du kannst jede zweite Saite mit einer Note versehen, um die Positionsverschiebungen beim Auf- und Absteigen zu erleichtern:

Extended Bb Major Scale Pattern

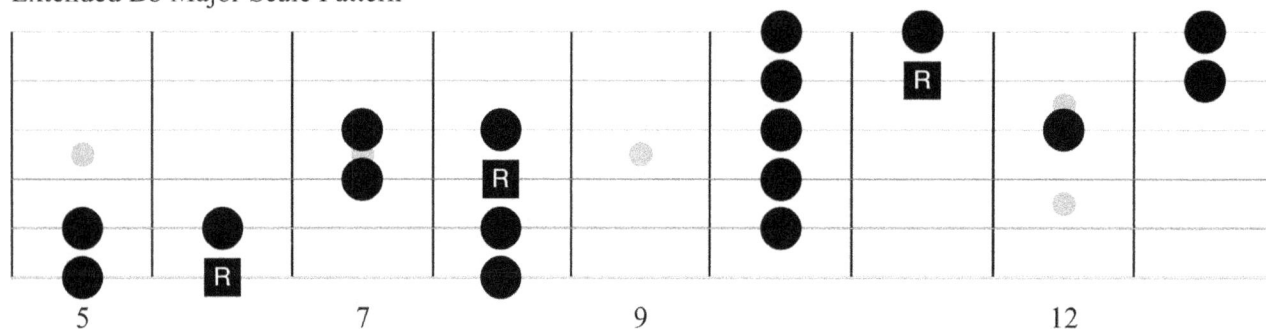

5   7   9   12

Experimentiere frei mit diesem Pattern. Es ist einfach, Triolen-Licks zu spielen, aber du kannst auch chromatische Noten hinzufügen. Da es vertikal und nicht horizontal am Hals angeordnet ist, hat es immer ein starkes Gefühl von Momentum.

Beispiel 4d

Beispiel 4e beginnt mit einer Blues-basierten Idee, die in die Wiederholung des A-Abschnitts übergeht, mit einem Bebop-Lick, der eine Cm6-Akkordform in der achten Position umreißt. Danach ist es die ganze Bb-Dur-Tonleiter mit eingeworfenen Durchgangsnoten und einigen bluesigen Bends.

Beispiel 4e

Hier ist eine Idee im Stil von Wes Montgomery. Oft beginnt Wes mit einlinigen Phrasen, gefolgt von Oktaven, gefolgt von Akkordfragmenten. Auch wenn er diese Strategie oft benutzt, wird sie nie alt! Die Linien hier sind von der Bb-Blues-Tonleiter.

Beispiel 4f

Die Phrase am Anfang von Beispiel 4g mischt Noten aus den Bb-Dur- und Bb-Blues-Tonleitern, gefolgt von einer Doppelgriff-Phrase, ähnlich wie etwas, was ich einmal Jimi Hendrix spielen hörte (was zeigt: ein guter Lick ist in jedem Kontext ein guter Lick).

Beispiel 4g

Pat Martino wird oft nach einer Möglichkeit suchen, eine Moll-Tonleiter über einen Akkord/eine Sequenz zu spielen und Substitutionsideen verwenden, um dies zu erleichtern. Die relative Moll-Tonleiter ist jedoch eine einfache Wahl. Der Anfang dieses Licks verwendet Noten aus der G-Melodisch Moll-Tonleiter (G-Moll ist die relative Moll zu Bb-Dur). Der Anfang der Wiederholung verwendet eine C-Moll-Substitution und umreißt einen Cm6-Akkord.

Beispiel 4h

Beispiel 4i verwendet einen klischeehaften, aber dennoch effektiven Bebop-Lick in den Takten drei und vier. Ein Dm6-Akkord wird für Bbmaj7 in Takt drei (Akkord iii für I) ersetzt, und die Idee wird einen Ton darunter beim Cm7 zu F7-Wechsel wiederholt. Über den Wechsel von Ebmaj7 zu Em7 wird wieder die kleine Terz (Gb) gespielt, gefolgt von einem chromatischen Abstieg, um uns für einige bluesige Phrasen wieder in die Bb-Dur-Tonleiter auf die dritte Position zu bringen.

Beispiel 4i

Es wurde gesagt, dass in einer I vi ii V-Sequenz nur die I- und V-Akkorde wirklich zählen, da sie die wichtigste Rolle bei der Definition der Harmonie spielen. Aus der Sicht der Solisten könnten wir uns die Changes sehr einfach vorstellen, so wie hier:

Bbmaj7 | F7 | Bbmaj7 | F7 |

Und in der Tat, ich habe gehört, wie der Gitarrist Frank Vignola Rhythm Changes auf diese Weise lehrte. Beispiel 4j verwendet diese Idee. Nach einer einfachen Bb-Dur-Phrase gehen wir direkt zu einem F7b9-Arpeggio. Abgesehen von einer Linie, die den Ebm7-Akkord betont, ist der Rest dieser Linie eine gerade Bb-Dur-Tonleiter.

F7b9 Arpeggio

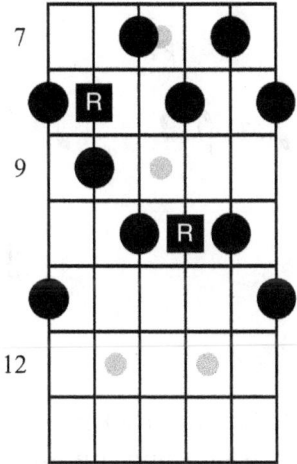

Beispiel 4j

Es gibt nichts allzu Anspruchsvolles, um Beispiel 4k zu spielen, das eine Bb-Dur-Tonleiter-basierte Linie ist. Der Schwerpunkt liegt hier auf der Erstellung einer Linie, die vertikal den Hals hinaufsteigt und mit einer Standard-Bebop-Phrase endet.

Beispiel 4k

Bisher war das Tempo ziemlich entspannt und das führt zwangsläufig dazu, dass eine bestimmte Art von Linie mit all dem Raum gespielt wird. Lass uns das Tempo ein wenig auf 185 bpm anheben (ich habe in diesem Tempo einen kompletten A-Abschnitt Backing Track beigefügt, mit dem du üben kannst).

Beispiel 41 beginnt mit einem einfachen Motiv aus der Bb-Dur-Tonleiter in der dritten Position und steigt danach chromatisch auf die zehnte Position. Der Lick beginnt, sich wieder nach unten zu arbeiten, indem er auf Noten aus der Bb-Dur-Tonleiter auf der hohen E-Saite abzielt. Das Mittel, mit dem man von einer wichtigen Tonleiter zur nächsten gelangt, ist ein schneller Triolen-Rake über die oberen drei Saiten. Verlangsamt, verdeutlicht jeder Rake die oberen drei Töne eines diatonischen Akkordes zu Bb-Dur.

Beispiel 4l

In Beispiel 4m geht es darum, sich auf die wichtigsten Intervalle jedes Akkords zu konzentrieren, um die Wechsel klar darzustellen. Einfache, chromatisch bewegte Phrasen ermöglichen Positionsverschiebungen und erzeugen Spannung. Der Lick, der die Wiederholung beginnt, ist täuschend einfach. Wenn du alle chromatischen Noten weglässt, sind es nur noch vier Noten, die in der Bb-Dur-Tonleiter absteigen. Jede Note wird von unten durch zwei chromatische Noten angespielt – eine Art Enclosure-Lick.

In Takt dreizehn wird ein einfacher Lick in dritter Position gespielt, der eine kleine Terz (vier Bünde) höher wiederholt wird. Dies ist ein weiteres gängiges Mittel, das von Bebop-Gitarristen verwendet wird. Oft wird es verwendet, um ein einfaches ii V I aufzupeppen, indem es darauf hindeutet, dass es zusätzliche Akkordwechsel gibt. Hier bedeutet die Wahl der Noten jedoch, dass die kleine Terz von Ebm7 noch einmal betont wird.

Beispiel 4m

Der erste Teil von Beispiel 4n beinhaltet einen schnellen Legato-Lauf. Die verwendete Form ist die in Beispiel 4c erwähnte Bb-Dur-Tonleiterform. Für die Wiederholung wird eine Charlie Parker-Melodie angedeutet und die melodische Linie beginnt sich chromatisch den Hals nach unten zu verschieben.

Beispiel 4n

Hier ist ein weiterer Lick, der die Akkordwechsel deutlich umreißt. Bei der Konzeption dieser Art von Lick tendiere ich dazu, die Akkordwechsel am Hals zu visualisieren und mich nur auf die Noten zu konzentrieren, die sich ändern *müssen*. Stelle dir eine Bb-Dur-Tonleiter vor, die in Position drei am Hals gespielt wird. Der erste Akkord in der Sequenz, Bbmaj7 ist kein Problem, aber welche Noten müssen sich ändern, wenn der zweite Akkord ein G7 ist?

Die einzige Note in G7, die *nicht* in der Bb-Dur-Tonleiter ist, ist die Terz (B), so dass wir eine Linie konstruieren können, die die B-Note für diesen Akkordwechsel hervorhebt.

Die „spezielle" Bb-Dur-Tonleiterform schlägt in der zweiten Hälfte dieses Licks mit einem sich wiederholenden triolischen Hammer-On auf. Um diesen Lick in der zehnten Position auszuführen, spiele ich einmal die B-Saite nach unten an und dann einmal die hohen E-Saite. Wenn sie mit einem sauberen, jazzigen Ton gespielt werden, achte darauf, dass du hart genug anschlägst, damit die zweite und dritte Note der Triole mit der gleichen Lautstärke wie die angespielten Noten erklingen.

Beispiel 4o

Beispiel 4p ist eine weitere Linie, die eine Tonart über eine andere legt. Das ist ein Thema, das ich in **Jazz-Bebop-Blues-Gitarre** ausführlich diskutiere. Beim ersten Mal durch den Abschnitt A benutze ich die Eb-Dur-Tonleiter, mit ein paar chromatischen Annäherungsnoten.

Über einem statischen dominanten Akkord gibt es mehrere großartige Substitutionen, die du vornehmen kannst, die es dir ermöglichen, mühelos die erweiterten oder alterierten Noten auszuwählen, die zum Akkord gehören. Wenn du in dieser „anderen" Tonart spielst, kannst du Tonleitertöne, Arpeggien und sogar Akkordfragmente ohne Grundton für die Improvisation verwenden.

Ich habe bereits erwähnt, dass Wes Montgomery oft in einer Moll-Tonart eine perfekte Quinte über einem dominanten Akkord spielt. (Für Bb7, denke an Fm7 und spielen F-Moll-Arpeggien oder die F-Melodisch Moll-Tonleiter).

Man kann sich das Fm7 als den zweiten Akkord in einer ii V I-Sequenz vorstellen. Der I-Akkord wäre Eb-Dur. So können Eb-Dur-Tonleiternoten und Arpeggien auch über den Bb7 gut funktionieren.

Wenn dies zu kompliziert erscheint, denke daran, dass du immer eine Dur-Tonleiter/Argeggio eine *Quarte über einem dominanten Akkord* spielen kannst.

Dies funktioniert hier, weil bei Rhythm Changes der Akkord I (Bb-Dur) häufig als Dominante gespielt wird - typischerweise Bb13 – so dass es gut funktioniert, F-Moll-Ideen darüber zu spielen.

Wenn diese Ideen neu für dich sind, versuche dich selbst aufzunehmen, indem du mehrere Takte von Bb7 (oder Bb9, oder Bb13) spielst, und dann einige Ebmaj7-Arpeggien darüber spielst. Höre genau hin, wie das klingt. Probiere jetzt einige Fm7-Arpeggien aus. Du wirst feststellen, dass es unglaublich einfach ist, diesen Wes-Sound zu erzeugen, da die Noten praktisch unter die Finger fallen. Versuche schließlich, die F-Melodisch Moll-Tonleiter über den oberen Teil deines Bb13-Akkords zu spielen, und es wird anfangen, ein wenig wie Pat Martino zu klingen.

Beispiel 4p

Die zweite Hälfte von Beispiel 4q verwendet das gleiche Konzept. Stelle dir einen F-Moll-Akkord in der achten Position am Hals vor. Der Lick, der die Takte neun und zehn überspannt, nutzt die Noten aus dieser Akkordform und verbindet sie mit chromatischen Annäherungsnoten. Der Lick in Takt zwölf kommt von der Visualisierung einer Fm9-Form, diesmal in der dreizehnten Position.

Beispiel 4q

Beispiel 4r beginnt mit einer Phrase, die Bb-Dur-Skalentöne verwendet. Die Linie ist so konzipiert, dass sie schnell von der zehnten auf die dritte Position absteigt, alles auf der hohen E-Saite. Ideen wie diese erzeugen Schwung in deinem Solo. Die Linie verwendet weiterhin die Bb-Dur-Tonleiter und arbeitet sich dorthin zurück, wo sie begann.

Beispiel 4r

Auch die nächste Linie visualisiert substituierte Tonalitäten. Die erste Phrase visualisiert einen Cm6-Akkord über dem Bbmaj7, bevor sie ein Bbmaj7-Arpeggio in fünfter Position skizziert. Unmittelbar danach folgt ein Ebmaj7-Arpeggio in zehnter Position. Die Wiederholung des Abschnitts A enthält eine einfache Melodie, gefolgt von einem Hammer-On/Pull-Off-Lick mit dieser „speziellen" Dur-Form.

Beispiel 4s

Bbmaj7   G7   Cm7   F7   Dm7   G7   Cm7   F7

Fm7   Bb7   Ebmaj7   Ab13   Dm7   G7   Cm7   F7

Beispiel 4t verwendet diese Dur-Tonleiterform wieder, aber diesmal macht sie kehrt zu sich selbst in einem Pattern, das mit Hammer-Ons und Pull-Offs gespielt wird.

Beispiel 4t

Bbmaj7   G7   Cm7   F7   Dm7   G7   Cm7   F7

Fm7   Bb7   Ebmaj7   Ab13   Dm7   G7   Cm7   F7

Das letzte Beispiel in diesem Kapitel beginnt mit einem Aufstieg in der Bb-Dur-Tonleiter. Die Tatsache, dass die Linie auf einer F-Note beginnt und ein paar chromatische Annäherungsnoten verwendet, macht es schwer zu erkennen, dass es sich meist nur um Bb-Dur-Noten handelt. Die Phrase, die die Takte sieben und acht umfasst, ist einfach die D-Moll-Pentatonik. Das Konzept, nur Moll-pentatonische Substitutionen zu verwenden, um über Jazz-Sequenzen zu spielen, ist ein großes Thema – und eines, auf das ich hier nicht näher eingehen kann. Gitarristen wie John Scofield haben solche Ideen übernommen und mit großer Wirkung entwickelt. Es genügt zu sagen, dass D-Moll-Pentatonik, die über eine Bb-Dur-Tonalität gelegt wird, einen schönen modernen Klang erzeugt, besonders mit den breiten Intervallen der Pentatonik.

Beispiel 4u

Zur Bridge

Ich hoffe, dass unsere Erkundung des Abschnitts A einige Überlegungen darüber angeregt hat, was du darüber spielen könntest. Ich schlage vor, dass du nur eine Option auswählst, die deinen musikalischen Vorlieben entspricht (z. B. eine Substitutionsidee) und sie gründlich erkundest. Spiele die Linien in verschiedenen Positionen am Hals und in verschiedenen Oktaven. Füge hinzu, reduziere und ändere sie, um sie deinem Stil anzupassen, und hole das Beste aus ihnen heraus, bevor du mit der nächsten Idee beginnst.

Im nächsten Kapitel werden wir uns mit der Rhythm Changes Bridge befassen.

Kapitel Fünf – Die Bridge

Im Gegensatz zu den schnellen Akkordwechseln des Abschnitts A verfügt die Rhythm Changes Bridge über acht Takte statisch dominanter Akkorde, die jeweils zwei Takte dauern. In allen modernen Versionen der Rhythm Changes sieht die Bridge so aus:

D7 | % | G7 | % | C7 | % | F7 | % |

Es könnte erst mal ein wenig wahllos erscheinen, plötzlich zu einem D7-Akkord zu springen. Der einzige D-Akkord in der Tonart Bb-Dur ist D-Moll. Also, was ist hier los?

Einige schlagen die Theorie vor, dass die Bridge einfach eine Fortsetzung des I vi ii V-Patterns des A-Abschnitts ist, wobei Akkord iii den Akkord I ersetzt (d. h. Dm7 - G7 - Cm7 - F7) und legen nahe, dass alle Akkorde einfach in dominante Akkorde umgewandelt wurden.

Ich persönlich finde es nicht hilfreich, so zu denken. Erstens, weil Gershwins ursprüngliche Melodie über der Bridge definitiv einen Tonartwechsel anzeigt, und zweitens, weil das Denken an die Bridge als iii vi ii V in der Tonart Bb-Dur dazu führen wird, dass du einige seltsame Linien über diese schönen Akkorde spielen musst.

Ich ziehe es vor, die Bridge in Bezug auf das gängige Mittel zu betrachten, das von Jazzmusikern verwendet wird und das als *Back-Cycling* bezeichnet wird. Kurz gesagt bedeutet es, einen Zielakkord anzuvisieren, und dann mit einer Reihe von Akkorden dorthin zu arbeiten.

Im Falle der Rhythm Changes ist der Zielakkord F7 – der V-Akkord in der Tonart Bb-Dur –, der bekanntlich stark auf den I-Akkord (Bbmaj7) aufgelöst wird. Das Mittel, mit dem man dorthin gelangt, besteht aus einer Reihe von dominanten Akkorden, die in einem Quartenzirkel angeordnet sind:

- G7 ist eine Quarte über D7.

- C7 ist eine Quarte über G7.

- F7 ist eine Quarte über C7.

- Bbmaj7 ist eine Quarte über F7.

Das Back-Cycling-Konzept kommt im Jazz häufig vor, ist aber nicht immer leicht zu erkennen, da wir Akkordwechsel oft für bare Münze nehmen, ohne ihre Funktion zu berücksichtigen. Die Absicht des Konzepts ist es, Bewegung hinzuzufügen und harmonisches Interesse zu erzeugen. Hier ist ein einfaches Beispiel dafür, wie Back-Cycling auf ein Sologitarrenarrangement angewendet werden kann.

Betrachten die folgende Akkordfolge – eine einfaches Intro in ein Stück in Bb-Dur. (Anmerkung: Wir verlassen das Gebiet der Rhythm Changes nur für einen Moment!)

Cm7 | F7 | Bbmaj7 | F11 |

F11 ist der Zielakkord, der sich stark zu einem Bb-Dur-Akkord auflösen will. Dies würde die Strophe für einen Sänger/Instrumentalisten schön einleiten, um die Hauptmelodie zu beginnen. Hier ist eine mögliche Back-Cycling-Methode, um zu F11 zu gelangen, die mehr Interesse und Bewegung schafft:

| Em7b5 A7#5 | Dm7b5 G13 | Cm11 F13 | Bbmaj7 F11|

Die Methode, mit der man zum Ziel gelangt, ist eine Sequenz von ii V-Akkorden, die jeweils einen Ton voneinander entfernt sind. Wenn du die Akkorde mit einigen chromatischen Bassnotenbewegungen verbindest, hast du eine viel interessanteres Intro. So klingt es:

Beispiel 5a

Hier ist eine aufwändigere Version mit leicht modifizierten Akkorden. Ich nutze die offene hohe E-Saite, wenn möglich, um etwas mehr Farbe hinzuzufügen.

| Em7b5 A7#5 | Dm7 G13 | Cm11 F7#9 | Bbmaj7 F11 F7b9 |

Beispiel 5b

Es gibt natürlich endlose Möglichkeiten, dies zu erreichen, solange man mit dem Zielakkord endet.

Nun, zurück zu den Rhythm Changes. Das ist das Prinzip bei der Arbeit in der Bridge. Wenn du solo spielst, rate ich dir, die Bridge nicht mit dem in Verbindung zu bringen, was im Abschnitt A passiert ist. Betrachte sie als ein Mittel zum Zweck: den Ziel-F7-Akkord zu erreichen, der das Stück zurück zu Bb-Dur auflöst. Du wirst viel mehr melodisches Interesse erzeugen, wenn du jeden Akkord als eine einzige Einheit betrachtest, über die soliert wird, wie die folgenden Linien zeigen werden.

Über der Bridge solieren

Da es sich um Single Chords handelt, die jeweils zwei Takte lang sind, gibt es viele Alterationen und Substitutionen, die an der Standardsequenz vorgenommen werden können, um Interesse zu wecken. Zuerst aber lass uns untersuchen, was über die grundlegenden Akkorde gespielt werden kann:

D7 | % | G7 | % | C7 | % | F7 | % |

Jeder Akkord ist ein Dominant-Sept, so dass ein gängiger Ansatz darin besteht, den entsprechenden Mixolydischen Modus für jeden Akkord zu spielen.

D7	%	G7	%	C7	%	F7	%
D Mixolydisch		G Mixolydisch		C Mixolydisch		F Mixolydisch	

Der Mixolydische Modus ist eine Tonleiter, die aus der fünften Stufe der Dur-Tonleiter besteht. Die übergeordnete Tonart von D-Mixolydiasch ist G-Dur (G, A, B, C, **D**). Es ist eine G-Dur-Tonleiter, die mit einer D-Note beginnt und endet. Dies ist kein Buch über Modaltheorie (siehe **Gitarrenskalen im Kontext** von Joseph Alexander für eine ausführliche praktische Anleitung), aber ich werde einige nützliche Mixolydische Modus-Positionen für jeden Akkord der Bridge illustrieren.

Die folgenden Patterns zeigen die Tonleitern in nur einem Bereich des Griffbretts, der die Bünde 5-8 umfasst.

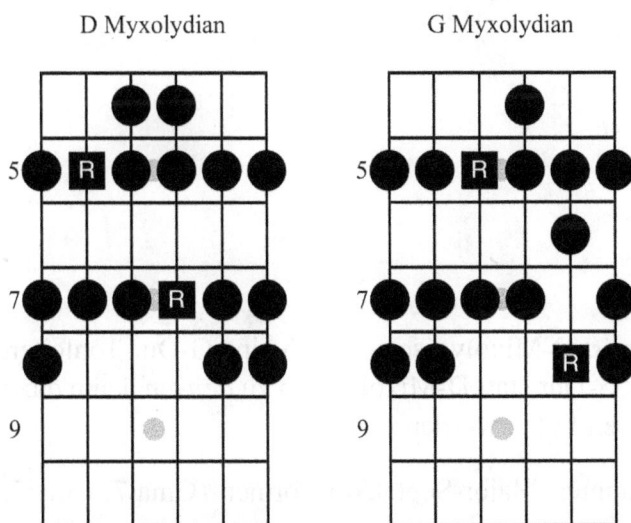

D Myxolydian

G Myxolydian

C Myxolydian

F Myxolydian

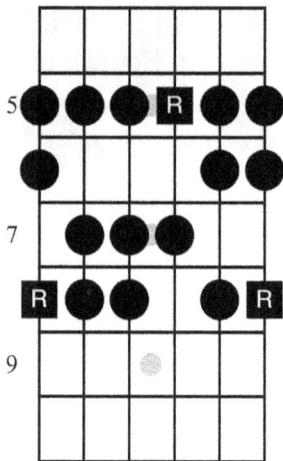
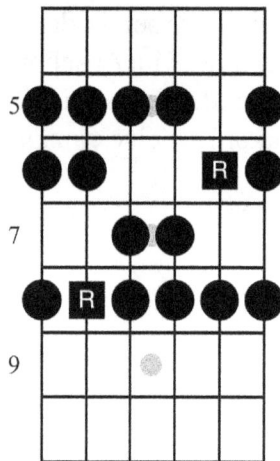

Es ist eine großartige Übung, eine Weile in einem Bereich Halses so zu arbeiten. Arbeite daran, Tonleitern zu ändern, indem du dir ansiehst, welche Noten sie gemeinsam haben und welche Noten unterschiedlich sind. Das kann uns dazu bringen, ein wenig härter zu arbeiten, um die schönen melodischen Ideen herauszuholen. Nimm dich selbst auf, indem du die Bridge-Sequenz in einem mittleren Tempo spielst und loope sie, wenn möglich. Übe die Mixolydischen Tonleitern, indem du mit dir mitspielst. Arbeite daran, den Übergang von einer Tonleiter zur nächsten reibungslos zu gestalten.

Ein weiterer gültiger Ansatz ist die Konzentration auf die wichtigsten tonalen Zentren, durch die sich die Sequenz bewegt. Anstatt für jeden Akkord geeignete modale Tonleitern aufzurufen, kannst du Dur-Tonleitern mit der übergeordneten Tonart jedes Dominant-Akkords in der Bridge spielen.

Ein Soloschema für die Bridge könnte daher so aussehen:

D7	%	G7	%	C7	%	F7	%
G-Dur		C-Dur		F-Dur		Bb-Dur	

D7 = der V-Akkord in der Tonart G-Dur

G7 = der V-Akkord in der Tonart C-Dur

C7 = der V-Akkord in der Tonart F-Dur

F7 = der V-Akkord in der Tonart Bb-Dur

Du denkst vielleicht, dass ich hier Haare spalte. Schließlich *ist* D-Mixolydisch einfach eine G-Dur-Tonleiter, die mit der Note D beginnt und endet, richtig? Stimmt, aber G-Dur statt D-Mixolydisch zu *denken,* kann dazu führen, dass du melodische Ideen spielst, die dir sonst nicht einfallen würden.

Beispiel 5c ist eine melodische Linie, die Linien aus bekannten Major-Septakkordformen (Gmaj7, Cmaj7, Fmaj7, Fmaj7, Bbmaj7) zieht, die über jeden Akkord in der Sequenz gelegt werden.

Beispiel 5c

Beispiel 5d ist eine melodische Linie, die auf G-Dur-Tönen basiert, gefolgt von Fragmenten eines Fmaj7-Arpeggios und der F-Dur-Tonleiter, bevor sie in die Bb-Dur-Tonleiter auflöst. Für diese Linie habe ich das Denken hinter den Linien weiter vereinfacht, indem ich mich auf nur zwei tonale Zentren konzentriert habe: G-Dur und F-Dur. Die G-Dur-Tonleiter über D7 erinnert an den Mixolydischen Modus, und ich bleibe bei der G-Dur-Pentatonik über dem G7-Akkord. Ebenso mit F-Dur-Linien über den C7- und F7-Akkorden.

Beispiel 5d

Hier ist ein anderer Ansatz, der einige schöne melodische Ideen liefert. Wenn ich über statische dominante Akkorde spiele, denke ich oft in Form von Akkorden, die substituiert werden und spiele Linien, die auf diesen Substitutionen basieren. Ich habe bereits erwähnt, dass Gitarristen wie Wes Montgomery und Pat Martino oft Linien spielten, die aus einer Moll-Tonart *eine Quinte über* einem bestimmten dominanten Akkord gezogen wurden.

Insbesondere Pat Martino hat einen Großteil seines Spielstils darauf ausgerichtet, alles in eine Moll-Tonart zu verwandeln. Über den D7-Akkord in der Bridge zum Beispiel kann er A-Moll-Arpeggien oder Noten aus der A-Melodisch Moll-Tonleiter (eine Quinte über D) spielen.

Um diese Theorie auf den Rest der Bridge anzuwenden:

- Über den G7-Akkord kannst du D-Moll-Arpeggien/D-Melodisch Moll-Tonleiter spielen.

- Über dem C7-Akkord = G-Moll-Arpeggien/G-Melodisch Moll

- Über dem F7-Akkord = C-Moll-Arpeggien/C-Melodisch Moll

Hier ist das Solo-Schema für diesen Ansatz:

D7	%	G7	%	C7	%	F7	%
A Melodisch Moll / A-Moll Arpeggien		D Melodisch Moll / D-Moll Arpeggien		G Melodisch Moll / G-Moll Arpeggien		C Melodisch Moll / C-Moll Arpeggien	

Die „Moll eine Quinte darüber" ist eine meiner Lieblings-Substitutionsideen, da viele coole Noten einfach unter die Finger fallen. Beispiel 5e ist eine Linie, die diese Idee verwendet. Die Linie beginnt mit A-Melodisch Moll über dem D7-Akkord, schlägt dann ein Dm6-Arpeggio über der G7 vor. Es folgen G- Melodisch Moll und C-Melodisch Moll Linien über die C7- und F7-Akkorde.

Wenn diese Idee für dich neu ist, übe sie, indem du einen Akkord und eine Substitutionstonleiter auf einmal nimmst und sie gründlich erkundest, bis der Klang in deinem Kopf verankert ist. Nimm dich selbst auf, indem du einen D7-Vamp für 16 Takte spielst und spiele die A-Melodisch Moll-Tonleiter durchgängig darüber. Spiele die Tonleiter zunächst aufsteigend und absteigend und höre, wie sie mit dem Akkord interagiert. Als nächstes komponiere einige melodische Linien und einfache Motive. Irgendwann werden diese Ideen Teil deines Jazz-Vokabulars werden.

Beispiel 5e

Hier ist eine weitere Linie mit dem gleichen Konzept und den gleichen Tonleiteransätzen.

Beispiel 5f

Lass uns dieses Konzept noch einen Schritt weitertreiben. Wenn wir eine A-Moll-Tonleiter über einen D7-Akkord spielen können, können wir dann auch die relative Dur-Tonleiter zu dieser Moll-Tonart spielen? Auf jeden Fall! C-Dur ist die relative Dur von A-Moll, und da sie die gleichen Noten gemeinsam haben, wirst du feststellen, dass C-Dur-Tonleitertöne und Arpeggio-Ideen auch über den D7-Akkord hinaus funktionieren. Wenn wir dies für jeden Akkord in der Sequenz tun, wird unser Solo-Schema so aussehen:

D7	%	G7	%	C7	%	F7	%
C-Dur-Tonleiter & Arpeggien		F-Dur-Tonleiter & Arpeggien		Bb-Dur-Tonleiter & Arpeggien		Eb-Dur-Tonleiter & Arpeggien	

Eine einfachere Art, sich an dieses Konzept zu erinnern, ist, das Dur *einen Ton unter einem* bestimmten dominanten Akkord zu spielen.

Beispiel 5g beginnt mit der Auswahl von Noten aus einer Cmaj7-Akkordform in dritter Position und steigt zu einer B-Note auf der hohen E-Saite auf. Die nächste Phrase beschreibt einen Am9-Akkord. Die zweite Hälfte der Phrase ist einfach die Bb-Dur- und Eb-Dur-Tonleiter, mit eingeworfenen chromatischen Annäherungsnoten.

Beispiel 5g

Auch dies kann ein neuer Sound für dich sein, also experimentiere, bis du ihn in deinem Kopf hast. Ein Cmaj7-Arpeggio, das auf der siebten Position gespielt wird, klingt wirklich schön über einen D9- oder D13-Akkord gelegt. Dieser nächste Lick verwendet diese Cmaj7-Form über dem D7-Akkord, gefolgt von einem Lick, der einen Dm6-Akkord über dem G7 suggeriert. Dann wiederholt sich das Motiv mit einem Bbmaj7-Arpeggio über dem C7-Akkord. Der Lick endet mit einem chromatischen Aufstieg auf der hohen E-Saite zum 10. Bund und einer D-Note.

Diese nächste Linie beginnt mit einem Cmaj7-Arpeggio-basierten Lick auf siebter Position über dem D7-Akkord und steigt dann in die C-Dur-Tonleiter ab. Die gleiche Idee wird über den C7-Akkord mit einem Bbmaj7-basierten Lick auf der fünften Position gespielt. Die Linie endet mit einer Phrase, die G-Melodisch Moll und Eb-Melodisch Moll über dem F7-Akkord kombiniert.

Beispiel 5i

Bisher haben wir vier mögliche Optionen für das Solospiel über den Zyklus der dominanten Akkorde der Bridge betrachtet, darunter Dominant-, Moll- und Dur-Tonleiter/Argeggien. Dies gibt uns viele Optionen, also lass uns nun die verschiedenen Möglichkeiten betrachten, wie wir die Akkorde selbst alterieren können, und was wir über diese Alterationen spielen können.

Das erste und offensichtlichste Mittel ist die Verwendung von b5-Substitutionen zur Erzeugung chromatischer Bewegungen. Zum Beispiel können wir spielen,

D7 | % | Db7#9 | % | C7#9 | % | F13 | % |

Hier ist Db7#9 die b5 von G7, während die anderen Akkorde unverändert bleiben. Die folgende Linie beginnt mit einem A-Melodisch-Moll-Substitutionslick über dem D7-Akkord. Es folgt eine Halbtonverschiebung nach unten zu Ab-Melodisch Moll für den Db7#9 Akkord. Über den C7#9-Akkord verwenden wir die „Dur einen Ton runter"-Substitution und spielen ein Bbmaj7-Arpeggio. Ebenso ist die melodische Linie über der F13 um ein Ebmaj7-Arpeggio herum aufgebaut.

Beispiel 5j

72

Im folgenden Beispiel ist jeder zweite Akkord eine b5-Substitution.

D7 | % | Db7#9 | % | C7#9 | % | B7#9 | % |

Beispiel 5k spiegelt diese Änderungen wider und beginnt mit einer Linie, die auf der C-Dur-Tonleiter basiert, mit zusätzlichen chromatischen Noten zwischen den Akkordtönen. Danach konzentriert sich die Linie für jeden Akkord auf den *Dur einen Ton darunter* des dominanten Akkords (B-Dur, Bb-Dur und A-Dur). Die letzte Phrase wird um einen Halbton nach oben wiederholt, um von A-Dur zurück in die Tonart Bb-Dur zu wechseln. Du hörst, dass diese Ideen sofort eine moderner klingende Linie schaffen.

Beispiel 5k

Für das nächste Beispiel ändern sich die Akkorde wieder. Diesmal ist der einzige Akkord, der sich ändert, das C7, das durch eine F#13-Substitution ersetzt wird. Diese b5-Substitutionen funktionieren hervorragend, wenn die Akkorde verändert oder erweitert werden. Der einzige Unterschied zwischen C7#9 und F#13 besteht beispielsweise in den Grundtönen, so dass ähnliche melodische Ideen über beide Akkorde gleichermaßen gut funktionieren.

D7 | % | G13 | % | F#13 | % | F13 | % |

Der Lick in Beispiel 5l ist eine Anspielung auf Wes Montgomery. Über dem D7-Akkord haben wir Noten aus der G-Dur-Tonleiter (es sind dieselben beim Spielen von D-Mixolydisch, denke daran). Über das G7 haben wir Noten aus der F-Dur-Tonleiter (die Dur-Substitution einen Ton runter). Für den F#13-Akkord wird in der Linie ein Bbmaj7-Arpeggio (C7#9 mit einer anderen Grundtonart und wir spielen den Dur einen Ton darunter) gespielt. Die Linie wird über den F13-Akkord in die Bb-Dur-Tonleiter aufgelöst.

Beispiel 51

Wir haben bereits über das beliebte Jazz-Mittel gesprochen, einen Akkord so zu behandeln, als wäre er ein V7 und ihm seinen ii-Akkord voranzustellen. Gershwin tat dies in der Bridge des originalen *I Got Rhythm* und es wurde später vereinfacht, indem die ii-Akkorde beseitigt wurden. Für diese nächste melodische Idee werden wir sie wieder einführen, so dass der Verlauf so aussieht:

| Am | D7 | Dm | G7 | Gm | C9 | Cm | F9 |

Das nächste Beispiel passt über diese Wechsel und hebt die Noten eines kleinen Sexten-Arpeggios hervor (Am6 über dem Am zu D7 ändern; Gm6 über dem Gm zu C9 ändern). Dadurch erhält die Linie einen „kantigen" Klang. Die Akkorde G7 und F9 werden mit bluesigen Licks hervorgehoben, die die große Terz betonen.

Beispiel 5m

Hier ist eine weitere Idee, die über diese gleiche Entwicklung passt.

Beispiel 5n

Wir können die Sequenz ändern, indem wir eine b5-Substitution einführen und ihr ihren ii-Akkord voranstellen:

| Am | D9 | Abm | Db9 | Gm | C9 | C9 | F9 |

Beispiel 5o verwendet einfache Moll-pentatonische Tonleitern, um durch diese Wechsel zu navigieren: A-Moll-, Ab-Moll- bzw. G-Moll-Pentatonik. In Takt sieben entschied ich mich, im C9-Akkord zu bleiben, anstatt in C-Moll zu wechseln, und spielte ein Fragment eines C7b9-Arpeggios, bevor ich in die Bb-Dur-Tonleiter mit einigen zusätzlichen chromatischen Noten auflöste.

Beispiel 5o

Eine andere Art, die Bridge-Akkorde anzugehen ist mit einer b5-Substitution zu beginnen und chromatisch abzusteigen:

| Ab7#9 | % | G7#9 | % | F#7#9 | % | F7#9 | % |

Hier ist ein einfacher, sich wiederholender, absteigender Lick, der diese Akkorde umreißt. Nichts ist hier zu kompliziert – das Wichtigste, worauf man hier achten sollte, ist, den synkopierten Rhythmus zu schaffen. Die b5-Substitutionen und kargen Noten verleihen ihm eine Thelonious Monk-artige Atmosphäre.

Beispiel 5p

Beispiel 5p funktioniert auch, wenn man über diese Akkorde spielt:

| D9 | % | Db9 | % | C9 | % | F13 | % |

Nimm dich selbst auf, indem du diese Variationen der Bridge spielst, und übe dann den Lick darüber.

Ich sage es noch einmal, du kannst andere Harmonien in deinen melodischen Linien implizieren, auch wenn du über die Standardakkorde spielst. Das folgende Beispiel wird über die grundlegende D7 - G7 - C7 - F7- Sequenz gespielt.

Der Lick beginnt basierend auf einer Cmaj7-Akkordform in dritter Position. Es folgt ein Triolen-Pattern, das eine D#-übermäßige-Akkordform mit drei Noten umreißt, die sich einen Ton auseinander wiederholt und über dem G7-Akkord gespielt wird. Die Verwendung des übermäßigen Akkords deutet darauf hin, dass der darunterliegende Akkord tatsächlich ein G7#5 ist, da er den Grundton (G), die Terz (B) und die übermäßige Quinte (D#) enthält. Über dem F7 deutet eine A-übermäßige Form an, dass der darunterliegende Akkord ein F13 ist.

Beispiel 5q

Experimentiere, um zu sehen, wie du sonst die Sequenz der Bridge ändern kannst, indem du die Position der b5-Substitutionen variierst oder andere ii V-Varianten hinzufügst.

Zum Abschluss dieses Kapitels habe ich noch einige weitere Linien eingefügt, die aus den melodischen Ideen stammen, die wir bereits besprochen haben. Jede dieser Ideen funktioniert über die Standard-Bridge-Akkorde.

Beispiel 5r basiert auf der Annahme, dass jedem dominanten Akkord in der Bridge ein ii-Akkord vorangestellt wird.

Beispiel 5r

Das nächste Beispiel beginnt mit einem kurzen Lick im Joe Pass Stil. Das Konzept ist, in C-Dur über die Akkorde D7 und G7 zu spielen. Der Lick wird einen Ton über dem C7-Akkord wiederholt, dann gibt es einen schnellen Lauf über dem F7. Der Lauf wird legato, mit Hammer-Ons gespielt und verwendet Noten aus der Bb-Dur-Tonleiter.

Beispiel 5s

Hier ist ein Beispiel, das sich auf das bluesige Potenzial der dominanten Akkorde konzentriert und mit einem klischeehaften Blues-Lick beginnt. Nachdem sich die Blues-Phrase jedoch für den C7-Akkord wiederholt, schließt die Linie mit einer Phrase, die aus zwei Substitutionen besteht. In Takt sieben basiert die Phrase auf einer C-Moll-Akkordform am 8. Bund und schließt mit einer Ebmaj7-Form am 10. Bund, die von einem chromatischen Lauf nach unten angegangen wird.

Beispiel 5t

Beispiel 5u verwendet zwei Dur-Substitutionsmittel, um durch die Akkordwechsel zu navigieren. Über den D7-Akkord verwendet die Linie die C-Dur-Tonleiter (einen Ganzton darunter Substitution) und setzt diese über das G7 fort. Denke daran, dass G7 der V-Akkord in der Tonart C-Dur ist, so dass das Spielen einer C-Dur-Tonleiter über G7 an den Klang des Mixolydischen Modus erinnert.

Dieses System wiederholt sich für die zweite Hälfte der Bridge: Die Linie ist aus der Bb-Dur-Tonleiter über dem C7-Akkord aufgebaut und setzt sich in Bb-Dur über dem F7-Akkord fort, was auf F-Mixolydisch hindeutet.

NB: Ich benutze häufig einfache Dur-Muster für Solo-Sounds, füge aber chromatische Noten hinzu. Wenn du mit einem Akkordton bei Taktschlag 1 eines Taktes beginnst, in einem 4/4 Swing-Feeling, und 1/8-Noten-Phrasen spielst, fallen die wichtigen Noten natürlich auf den Taktschlag. Zwischen diesen Noten kann jede chromatische Note verwendet werden, um die Akkordtöne miteinander zu verbinden. Ich erkläre dieses Konzept ausführlich in **Jazz-, Bebop-, Blues-Gitarre** von **www.fundamental-changes.com**

Beispiel 5u

Für diese nächste Idee denke ich A-Moll über dem D7-Akkord. Über dem G7 denke ich an die b5-Substitution (Db7) und lege Ab-Moll-Linien darüber. Für das C7 denke ich G-Moll, und über dem F7 spiele ich die Bb-Dur-Tonleiter.

Beispiel 5v

Hier ist eine weitere Variante dieser Idee, die in einem anderen Bereich auf dem Griffbrett gespielt wird. Die Substitutionskonzepte sind die gleichen, aber das ist eine Linie, die eher nach Charlie Parker klingt.

Beispiel 5w

Wie bei Beispiel 5t verwendet diese nächste Linie große Septim-Arpeggien, die einen Gon unter den D7- und C7-Akkorden sind. Über dem G7-Akkord habe ich viel Platz gelassen, so dass diese wenigen Noten auf viele verschiedene Arten interpretiert werden konnten. Der Lick endet mit der Rückkehr zur Bb-Dur-Tonleiter.

Beispiel 5x

Beispiel 5y beginnt mit einem Blues-Lick, steigt dann in die C-Dur-Tonleiter ab und macht dann wieder zu sich kehrt. Wiederum wird diese Idee einen Ganzton tiefer über der letzten Hälfte der Bridge wiederholt.

Diese letzte Linie verwendet die C-Dur-Tonleiter mit chromatischen Noten, die über die Akkorde D7 und G7 hinzugefügt werden. Die zweite Hälfte dieser Linie beginnt um eine Bbmaj7-Akkordform in der fünften Position und beinhaltet eine schnelle chromatische Verschiebung nach unten in die dritte Position, um die Bb-Dur-Tonleiter mit zusätzlichen chromatischen Noten zu verwenden.

Beispiel 5y

Zusammenfassend ist hier eine Liste der möglichen Tonleiteroptionen für jeden Akkord der Bridge. Deine Aufgabe ist es jetzt, mit jedem einzelnen zu experimentieren, dann den Übergang zwischen verschiedenen Konzepten über die Akkorde zu experimentieren, bis du die Klänge findest, die wirklich zu deinem Geschmack passen.

Melodische Improvisationsmöglichkeiten für die Bridge

Experimentiere mit Tonleiternoten und/oder Arpeggioformen.

- **D7** = D-Mixolydisch; G-Dur; A-Melodisch Moll; A-Moll Pentatonik; C-Dur

- **G7** = G-Mixolydisch; C-Dur; D-Melodisch Moll; D-Moll Pentatonik; F-Dur

- **C7** = C-Mixolydisch; F-Dur; G-Melodisch Moll; G-Moll Pentatonisch; Bb-Dur

- **F7** = F-Mixolydisch; Bb-Dur; C-Melodisch Moll; C-Moll Pentatonisch; Eb-Dur

Kapitel Sechs – Bringen wir alles zusammen

Wir haben uns die einzelnen Teile der Rhythm-Changes-Sequenz angesehen und eine Reihe von Möglichkeiten untersucht, wie sie alteriert und gespielt werden können. Nach der Bridge wird der Abschnitt A mit einer Rhythm Changes Melodie wiederholt, aber da er mit dem früheren Abschnitt A identisch ist, können wir mit dem Solo über das gesamte Stück fortfahren.

Zum Abschluss des Buches habe ich drei Soli über den gesamten Rhythm Changes Chorus aufgenommen. Jedes von ihnen schöpft aus den Konzepten, die du in diesem Buch gelernt hast, und wird in einem mittleren bis hohen Tempo (185 bpm) gespielt. Du kannst diese Soli in ihrer Gesamtheit lernen, aber noch besser, suche die Phrasen aus, die dich ansprechen und arbeite daran, sie sofort in dein Vokabular aufzunehmen.

Es gibt einen ganzen 185 bpm Backing Track im Audio-Download für dieses Buch, mit dem du üben und jammen kannst.

Viel Spaß beim Spielen dieser Licks und beim Erstellen eigener Licks!

Beispiel 6a

D7
G7
C7
F7
B♭maj7
G7
Cm7
F7
Dm7
G7
Cm7
F7
Fm7
B♭7
E♭maj7
A♭7
Dm7
G7
Cm7
F7

Beispiel 6b

D7 G7
C7 F7
B♭maj7 G7 Cm7 F7 Dm7 G7 Cm7 F7
Fm7 B♭7 E♭maj7 A♭7 Cm7 F7 B♭maj7

Beispiel 6c

D7
G7
C7
F7
B♭maj7
G7
Cm7
F7
Dm7
G7
Cm7
F7
Fm7
B♭7
E♭maj7
A♭7
Cm7
F7
B♭maj7

Anhang - Hörempfehlung

In diesem Abschnitt habe ich viele Versionen von Rhythm Changes aufgelistet, die du dir anhören kannst. Der Weg, ein Stück wirklich zu meistern, ist, vielen verschiedenen Musikern zuzuhören, die es spielen. Beobachte, wie sie es interpretieren und wohin sie es bringen. Ebenfalls enthalten sind einige bemerkenswerte Stücke, die im Wesentlichen auf Rhythm Changes mit einigen Variationen basieren.

Dies ist eine ausgewählte und keineswegs vollständige Liste, aber sie gibt dir eine gute Vorstellung davon, wie viel Inspiration die Menschen von Gershwins Werk erhalten haben. Höre dir so viele davon an, wie du kannst. Wenn du jemanden eine Linie spielen hörst, die du wirklich magst, verlangsame sie (es gibt viele kostenlose Apps, die das tun können) und lerne sie.

Klassische Versionen

Anthropology (Charlie Parker)

Celerity (Charlie Parker)

Chasin' the Bird (Charlie Parker)

Dexterity (Charlie Parker)

Moose the Mooche (Charlie Parker)

Cheers (Charlie Parker)

Constellation (Charlie Parker)

Passport (Charlie Parker)

Red Cross (Charlie Parker)

Cottontail (Duke Ellington)

Good Queen Bess (Duke Ellington)

Jeep is Jumpin' (Duke Ellington)

Love You Madly (Duke Ellington)

Rhythm-a-ning (Thelonious Monk)

52nd Street Theme (Thelonious Monk)

Bop Kick (Nat King Cole)

Call the Police (Nat King Cole)

Harlem Swing (Nat King Cole)

I'm an Errand Boy for Rhythm (Nat King Cole)

Lila Mae (Nat King Cole)

Rhythm Sam (Nat King Cole)

Straighten Up and Fly Right (Nat King Cole)

Oleo (Sonny Rollins)

No Moe (Sonny Rollins)

Newk's Fadeaway (Sonny Rollins)

O Go Mo (Sonny Rollins)

One Bass Hit (Dizzy Gillespie)

Salt Peanuts (Dizzy Gillespie)

Shaw 'Nuff (Dizzy Gillespie)

Ah-Leu-Cha (Miles Davis)

Delirium (Tadd Dameron)

Down for the Double (Freddie Green)

The Duel (Dexter Gordon)

Everything's Cool (Bud Powell)

The Flintstones (Hoyt Curtain)

Lester Leaps In (Lester Young)

Seven Come Eleven (Charlie Christian)

Wee (Denzil Best)

Moderne Versionen

Anthropology – Diggin' In Diggin' Out (Tom Cohen)

Anthropology – Inversations (Ari Hoenig)

Dexterity – Sight (Adam Rogers)

Dexterity – Bird Songs (Joe Lovano)

Dexterity – Lasting Impression (Rob Thorsen)

Dexterity – Rielatin' (Alex Riel, Michael Brecker, Mike Stern)

Dexterity – Tea Time (Michael Valeanu)

Moose the Mooche – Wish (Joshua Redman)

Moose the Mooche – Bird Interpretations (Kevin Harris Project)

Oleo – Live From Yoshi's (Pat Martino)

Oleo – Whiplash Jazz (GRP All-Stars Big Band)

Oleo – Performance! (Andre Ceccarelli, Vincent Artaud, Bireli Lagrene)

Seven Come Eleven – Guitar Heroes (Joscho Stephan, Tommy Emmanuel)

Wee – EnRoute (John Scofield Trio)